Margrit Irgang

DIESER AUGENBLICK

Für Ted

Remember
what you have seen
because everything forgotten
returns to the circling winds.

Gesang der Navajo

Das Buch

In ihrem Buch vermittelt Margrit Irgang die Kunst des achtsamen Lebens auf leichte Weise. Dabei geht sie von kurzen Weisheitsgeschichten aus Buddhismus und Zen aus und beschreibt, wie ein Leben in Achtsamkeit gelingen kann.
In ihren Texten schöpft sie nicht nur aus ihrer Erfahrung als Zen-Schülerin, sondern greift auch auf den Legendenschatz zurück, der sich um Buddha und die alten Zen-Meister rankt.

Die Autorin

Margrit Irgang, vielfach ausgezeichnete Schriftstellerin, praktiziert Zen seit 1984, seit 1992 bei Thich Nhât Hanh. Sie gibt Seminare zu den Themen Achtsamkeit und Spiritualität und macht für »SWR 2« viel beachtete Sendungen zu spirituellen und psychologischen Themen. Bei Herder Spektrum erschienen von ihr auch »Wunderbare Unvollkommenheit« und »Geh, wo kein Pfad ist, und hinterlasse eine Spur«. Mehr im Internet unter www.margrit-irgang.de.

Margrit Irgang

DIESER AUGENBLICK

Achtsam leben im Geist des Zen

HERDER

FREIBURG · BASEL · WIEN

HERDER spektrum
Band 6385

MIX
Papier aus verantwortungsvollen Quellen
FSC® C106847

Titel der Originalausgabe: Dieser Augenblick.
Achtsam leben im Geist des Zen mit Geschichten der Weisheit.
Theseus Verlag, Berlin 2006

www.herder.de

Umschlagkonzeption: Agentur RME Roland Eschlbeck
Umschlaggestaltung: Verlag Herder
Umschlagmotiv: © Mauritius Images / Wolfgang Filser
Autorinnenfoto: © Isolde Ohlbaum

Layoutkonzept: tiff.any GmbH, Berlin
Satz: tiff.any GmbH, Berlin
Herstellung: fgb · freiburger graphische betriebe
www.fgb.de

Gesetzt aus der Linotype Janson Text Standard
Printed in Germany

ISBN 978-3-451-06385-5

Inhalt

Mit Geschichten die Kunst des achtsamen Lebens lernen

Vor vielen Jahren entdeckte ich, vergraben unter fremd anmutenden Worten, einen jungen Prinzen. Mein Prinz war ein nachdenklicher Mensch und die Pracht und der Glanz bei Hofe erschienen ihm hohl. Begabt mit dem genauen Blick, der durch die Oberfläche der Dinge sieht, durchschaute er die Machtspiele mit ihren Intrigen, Lügen, dem Neid und der Eifersucht. Feste und Spiele, Bankette und Konferenzen interessierten ihn nicht. Stattdessen suchte er bei jeder sich bietenden Gelegenheit die Stille und Einsamkeit, und am liebsten war er in Gesellschaft von Einsiedlern und Mönchen. Er stellte die wirklich wichtigen Fragen, die einzigen, die zu stellen sich lohnt: Warum leiden die Menschen, woran leiden sie, und wie kann man das Leiden beenden? Was ist das, was wir »Ich« nennen, wer bin ich wirklich? Was sind Geburt und Tod, was ist das wahre Glück, und wie erreicht ein Mensch tiefen inneren Frieden? Der Prinz verließ den Palast, suchte jeden Lehrer des großen Königreichs auf, bekam keine zufriedenstellende Antwort auf seine Fragen und setzte sich schließlich unter einen Baum, um die Antwort selbst herauszufinden. Er fand sie und wurde zum »Erwachten«.

Welch wunderbare Geschichten sind doch die Sutras, die nach dem Tod des Buddha niedergeschrieben wurden, und die Legenden, die sich um seine Schüler und die alten Zen-Meister ranken. Geschichten sind ja in allen Kulturen die älteste Art und Weise zu lehren und zu lernen. Aber haben denn diese Erzählungen aus längst vergangenen Zeiten noch irgendetwas mit uns zu tun? Ihre Schauplätze sind Paläste und Waldhütten, ihre Protagonisten Asketen, Unberührbare und sogar ein Mörder, der sich die Finger seiner Opfer als Kette um den Hals legt! Was sollen wir mit solch archaischen Bildern anfangen, die nicht mehr unserem modernen Leben entsprechen?

Eine Antwort darauf gibt die westliche Tiefenpsychologie. Carl Gustav Jung, dessen Lebenswerk die Erforschung des Unbewussten war, fand heraus, dass die alten Mythen und Legenden aller Kulturen und Religionen nach wie vor als Bilder in tiefen Schichten des kollektiven und persönlichen Bewusstseins schlummern, in einem Bereich, den intellektuelle Analyse nicht erreichen kann. In einem subtilen Sinn *sind* wir also diese Prinzen, Unberührbaren, Mönche und Nonnen, und manchmal genügt ein äußerer Umstand oder eine innere Bewegung, um das in diesen Bildern personifizierte Energiepotenzial zu erwecken. Das Auftauchen solcher Energien kann ganz schön bewegend sein, im angenehmen wie im unangenehmen Sinn; unangenehm wird es aller Erfahrung nach dann, wenn wir nicht begreifen, was uns da geschieht. Deshalb ist es nicht nur spannend und vergnüglich, sondern auch heilsam, die Helden und Antihelden der alten Geschichten als unsere eigenen inneren Kräfte zu betrachten, mit ihnen in einen Dialog zu treten und mit ihnen Freundschaft zu pflegen.

Dann sehen wir vielleicht, was wir möglicherweise schon oft gehört und nicht recht geglaubt haben: dass wir sogar der Buddha *sind*.

Aber ist denn der Weg des Buddha nicht der Weg zum Erwachen? Und ist nicht das Erwachen ein wunderbares Ereignis aus Licht, Freude und Freiheit, das uns ein für allemal verwandeln wird? Warum sollten wir die mühsame Arbeit auf uns nehmen, uns mit inneren Unberührbaren und Mördern anzufreunden, wenn wir doch – die alten Geschichten versichern es uns – plötzlich und jederzeit in *diesem Augenblick* erwachen können?

Zwischen unserer gewöhnlichen Wahrnehmung und der transzendentalen Dimension ist für gewöhnlich eine unsichtbare Tür, und weil diese »Tür« nichts anderes ist als der verschlossene Zustand unseres Geistes, kann sie sich jederzeit öffnen. Aber erstens müssen die meisten Menschen erst die Bedingungen schaffen, die das Aufspringen der Tür möglich machen. Zweitens liegt hinter der Tür keineswegs immer das Paradies aus Licht und Engelsgesang; zu erkennen, dass es mich als eigenständiges Individuum nicht gibt, kann eine verstörende Erfahrung sein. Drittens beseitigt eine wie auch immer geartete Erfahrung des Erwachens nicht unsere psychischen und sozialen Probleme als Menschen, die sich mit Beziehungen, Verpflichtungen aller Art und der Notwendigkeit, den Lebensunterhalt zu verdienen, befassen müssen. Und gerade weil wir diesen Bedingungen unterworfen sind, hat die Tür die unangenehme Eigenschaft, beim kleinsten Windstoß zuzufallen.

Die Geschichten helfen uns auf mehrfache Weise: Wir erkennen in ihnen unsere eigenen Freuden und Schwierigkeiten und erfahren, wie der Buddha und seine Schüler sich in ähnlichen Situationen verhielten. Vor allem aber verbinden sie uns wieder mit der spielerischen, humorvollen Dimension, die viele von uns, als sie erwachsen und »vernünftig« wurden, verloren haben. Das Spielerische und Humorvolle ist eine wesentliche Qualität eines Lebens im Geist des Zen.

Wenn ich von Zen spreche, tue ich das, weil dies meine eigene Praxis ist, in der ich mich am besten auskenne. Im Tiefsten ist Zen jedoch nichts als die absolute Gegenwärtigkeit in jedem Augenblick; auf diese Weise benutze ich den Begriff Zen in diesem Buch, häufig ersetze ich ihn auch einfach durch Achtsamkeit. Um die Kunst des achtsamen Lebens auszuüben, brauchen Sie aber kein Zen-Schüler zu werden. Vielleicht ist Ihre Praxis die christliche Kontemplation, das Herzensgebet, das Drehen der Derwische, einer der tibetisch-buddhistischen Schulungswege. Vielleicht ist Ihre Weise, in *diesen Augenblick* zu kommen, das Tanzen, Singen, Wandern oder Yoga. Die Geschichten befassen sich mit Fragen, die sicher auch Sie sich irgendwann stellen: Was ist Liebe, wie gehe ich mit Verlusten um, wie kann ich gut für mich und andere sorgen?

Aus dem Legendenschatz, der sich um die Person des Buddha und die alten Zen-Meister rankt, habe ich ein paar Geschichten ausgewählt, die ich für uns hier und heute wichtig finde. Es ist weder mein Anliegen noch mein Vermögen, mich im Rahmen dieses Buches mit der Historie des Buddhismus oder mit ihm als Religion zu beschäftigen. Die Quellen der Geschichten, die ich erzähle, sind vielmehr die Nacherzählungen einiger Menschen, die es sich zur Aufgabe gemacht haben, den Buddhismus von seinen kulturell und historisch bedingten Überhöhungen und Verbrämungen zu befreien, um den Kern der Lehre des Buddha freizulegen. Vor allem möchte ich in diesem Zusammenhang meinen Lehrer Thich Nhât Hanh nennen, der die Gabe besitzt, uns westlichen Menschen den Buddhismus verständlich und alltagsnah zu vermitteln.

Am Anfang jeder Religion stand die alles Sagbare übersteigende Erfahrung eines einzelnen Menschen – Buddha, Jesus, Mohammed. Diese Menschen waren keineswegs gekommen, um eine Religion zu begründen; sie wollten nichts weiter, als anderen aus ihrer Erfahrung heraus einen Weg zu weisen. Aber als im Lauf der Jahrhunderte Schriften, Lehren und Kirchen entstanden, erstarrte die Frische der ursprünglichen Erfahrung; das können wir im Christentum ebenso beobachten wie im Islam und im Buddhismus. Wenn es uns also gelingt, aus den Schriften die Bilder wieder zu befreien und sie in uns lebendig werden zu lassen, haben wir einen von vielen möglichen Schlüsseln in der Hand: Einen Schlüssel zu der unsichtbaren Tür, hinter der unser wahres Zuhause liegt – und das ist immer nur in *diesem Augenblick* zu finden.

Bitte lauschen Sie den Geschichten, die ich erzähle, und lassen Sie die Bilder zu Ihren eigenen werden. Spielen Sie mit ihnen, erspüren Sie ihre Energie, lassen Sie sich davon berühren. Vielleicht kommen Sie zu anderen Auslegungen als ich. Aber wenn wir einmal gesehen haben, dass wir Sunita, Angulimala und vor allem der Buddha *sind* – dann sind wir bereits aus dem Kokon unseres kleinen Ichs herausgebrochen in die Verbundenheit.

Ich danke all meinen Lehrerinnen und Lehrern – der Katze Clarissa, dem Flieder auf meinem Balkon, dem Morgentau, den Sternen, dem Hasen am Waldrand … Ich danke Ursula Richard, ohne deren Initiative dieses Buch nicht entstanden wäre. Möge ein junger und schöner Prinz in uns allen erwachen, der sich auf den Weg macht, die Antwort zu finden auf die einzig wichtigen Fragen.

Dem Ruf folgen

Die Geschichte vom Prinzen, der den Palast verlässt

Es war einmal ein indischer Prinz, der in großem Reichtum aufwuchs. Er wurde dazu erzogen, die Nachfolge seines Vaters anzutreten, und man verheiratete ihn mit einer standesgemäßen Frau. Seine Jugendzeit war behütet und unbeschwert gewesen, und so schockierte es ihn, als er bei seinen Ausritten an drei Tagen hintereinander zuerst einen Alten, dann einen Kranken und zuletzt einen Toten sah. Er war zutiefst bewegt von der Unvollkommenheit des Lebens und als er am vierten Tag einem Asketen begegnete, spürte er die Sehnsucht, sich ebenfalls von der Welt zurückzuziehen und nach dem Sinn des Lebens zu suchen.

Er vertraute diesen Wunsch seinem Vater an, der ihn streng zurechtwies. »Du bist dazu erzogen worden, meine Nachfolge anzutreten«, sagte der König. »Wie kannst du mich so enttäuschen? Denk an deine Eltern, deine Frau und deinen soeben geborenen Sohn. Es ist verantwortungslos, seine Familie zu verlassen.«

Der Prinz schämte sich. Wie konnte er nur in Erwägung ziehen, seine Familie und sein Königreich im Stich zu lassen!

An diesem Abend fand, wie meistens, ein Fest statt im Palast; dieses war vielleicht noch ein wenig prächtiger als die vorangegangenen, mit besseren Sängern, schöneren Tänzerinnen, erleseneren Speisen. Hatte der Wunsch des Prinzen, den Palast zu verlassen, sich bereits herumgesprochen? War dieses Fest in all seinem Glanz vielleicht ein Lockmittel, das ihn halten sollte? Der Prinz sah die funkelnden Gläser, den Schmuck der Frauen, die anmutigen Bewegungen der Tänzerinnen wie aus großer Entfernung. Mit alldem hatte er nichts mehr zu tun, es konnte ihn nur unglücklich machen. Um das wahre Glück zu finden, musste er die oberflächlichen Vergnügungen hinter sich lassen.

Er ging zu den Ställen hinüber, wo er seinen Diener Channa noch wach vorfand. Vom Palast herüber klangen gedämpft die Sitars, Trommeln und Glocken; die Klänge seines alten Lebens, in das er schon nicht mehr gehörte. Er befahl Channa, zwei Pferde zu satteln. Nur wenige Minuten später hätten die Wachen, wären sie nicht betrunken gewesen, zwei Reiter sehen können, die im Schutz der Dunkelheit nahezu lautlos das Stadttor passierten und in der Ebene in sicherer Entfernung in scharfen Galopp fielen.

Die Flucht aus dem Palast

Gold und Edelsteine, Tänzerinnen, Musik, Pferde und ein Schloss. Eine Märchenwelt ist das, und wir ahnen schon: Das geht nicht gut. Muss nicht in jedem Märchen der Prinz oder die Prinzessin alles verlieren, um es erst nach langen Wanderjahren und schweren Prüfungen wiederzugewinnen? Die Reise des Helden ist ein Motiv, das uns als Mythos in allen Kulturen begegnet; es ist die Reise, die jeder Mensch in irgendeiner Form zu machen hat – in seinem eigenen Leben.

Aber wollten wir hier nicht Geschichten betrachten, die von Heilung erzählen? Diese Flucht aus dem Palast mit ihren merkwürdigen Begleitumständen sieht so gar nicht danach aus, als könne sie uns helfen, ganz und heil zu werden. Wir möchten doch eher ankommen als flüchten, wie immer wir den Ort der Ankunft auch definieren. Wir nennen es »ankommen bei uns selbst«, »in unserem wahren Wesen« oder, wenn wir schon länger Zen praktizieren, vielleicht bescheiden und gleichzeitig gewitzt »ankommen im gegenwärtigen

Augenblick«. Dabei übersehen wir leicht, dass, wer irgendwo ankommt, von irgendwoher aufgebrochen sein muss. Die Metaphern Reise, Weg und Gehen setzen voraus, dass wir einen vielleicht liebgewordenen Ort verlassen müssen, wenn wir uns in Bewegung setzen. Die Geschichte des Aufbruchs von Prinz Siddhartha zeigt uns, dass am Beginn des Weges zur Heilung fast immer ein Verlust steht. Verluste sind schmerzhaft, und vielleicht ist dies der Grund, warum es uns bei all unserem Leiden so schwerfällt, den Weg zur Heilung einzuschlagen. Es ist wie bei manchen homöopathischen Behandlungen: Das Mittel, das uns heilen wird, verschlimmert erst einmal alles.

Auch wir sind Prinzen und Prinzessinnen, die in ihren Palästen wohnen, und um die Paläste haben wir solide Mauern gebaut. Diese Mauern dienen demselben Zweck wie die Palastmauern in der Stadt Kapilavatthu vor fast 2600 Jahren: Sie halten zuverlässig die Welt von uns fern. Unsere Mauern sind besonders haltbar, weil sie in unserer Kultur als selbstverständlich, oft sogar als notwendig betrachtet werden, und sie sollen das schützen, was wir als unseren größten Reichtum betrachten: unser kostbares Ich.

Eine Mauer besteht aus vielen kleinen Steinen, und wir sind es, die, in Zusammenarbeit mit einer unheilsamen Umgebung, diese Steine Stück für Stück aufschichten. Die Steine heißen Gleichgültigkeit, Eigennutz, Neid, Eifersucht, aber auch Angst, Unwissenheit, Ärger und Eile. Sobald sich die Mauern um unsere Herzen öffnen, erkennen wir, dass der vermeintliche Schatz, den wir da die ganze Zeit gehütet haben, gar keiner war. Unser Ich ist so schillernd wie die für eine Nacht engagierten Tänzerinnen, so vergänglich wie die Speisen, so flüchtig wie die Musik. Nichts, das man schützen müsste und könnte.

Was aber nun? Wie sollen wir leben mit dieser ersten Ahnung einer Tatsache, die unsere Weltsicht auf den Kopf stellt?

Erinnern wir uns an den Prinzen. Einigen Quellen zufolge begegnete er auf drei Ausflügen dem Alter, der Krankheit und dem Tod. Die Zahl Drei steht in der Symbolsprache für das Geistig-Abstrakte, das noch nicht Materialisierte. Da ist etwas vorbereitet, aber der letzte Schritt zur Verwirklichung im Irdischen, symbolisch gesprochen zur Zahl Vier, steht noch aus. Der geschah in unserer Legende beim vierten Ausritt: Siddhartha traf einen Asketen und entschloss sich, ebenfalls Asket zu werden, um das Wesen des Leidens zu verstehen. Betroffenheit allein also genügt nicht, wir müssen uns entscheiden zu handeln.

In den Biografien der meisten Mystiker aller Religionen gibt es einen Moment, in dem ein Ruf erfolgt. Jemand oder etwas – die Interpretation der Quelle hängt hier ganz von dem Kontext ab, in dem jemand lebt und denkt – scheint eine Lebenswende zu fordern. Die angerufene Person hat keine Ahnung, was sie tun soll, nur eins ist klar: Wenn sie dem Ruf nicht folgt, wird ihr Leben sinnlos und vergeudet sein. Was aber kostet es sie, dem Ruf zu folgen?

Die Geschichte des Prinzen, der da »bei Nacht und Nebel« nicht nur den Palast, sondern sein gesamtes Königreich, Frau und Kind verlässt, ist schon ein starkes Stück. Haben wir hier nicht einen besonders üblen Burschen vor uns, der sich lieblos und verantwortungslos aus dem Staub macht, um seinen egozentrischen Interessen nachzugehen, auch wenn sie moralisch gesehen wertvoll sein mögen?

In den buddhistischen Schulen wird eine sehr differenzierte Ethik gelehrt, die in Regeln, Geboten oder Richtlinien formuliert wird. Da werden wir aufgefordert, unsere Bindungen und die der anderen Menschen zu achten und zu schützen sowie alle Konflikte zu schlichten und zu lösen, um die Entstehung von Leiden in jeder Form zu verhindern. Prinz Siddhartha aber schuf durch seinen Weggang enorme Konflikte und als

Ergebnis davon Leiden, denn der Ruf, dem er folgte, schien ihm von größerem Wert als seine persönlichen Bindungen. Ich bin immer wieder erstaunt, wie manche westliche Schüler des Buddha sich in bester Absicht zur buddhistischen Ethik bekennen, die Konsequenz und Radikalität des jungen Prinzen aber ausblenden. Das Bild vom Buddha als eines sanften, langsam wandelnden, gütigen Vaters, das diese Menschen erschaffen haben, sagt allerdings mehr über ihre eigenen Sehnsüchte und kindlichen Defizite aus.

Wir sollten erkennen, dass die buddhistische Ethik hilfreich ist im Alltagsleben, aber lähmend wirken kann, wenn wir sie in gewissen Momenten wörtlich nehmen. Es könnte nämlich sein, dass wir gerade dann den Ruf verpassen, der uns auffordert, unser Leben zu ändern.

Mitte des fünfzehnten Jahrhunderts wurde ein ehrbarer Schweizer Richter plötzlich von schweren Depressionen heimgesucht. Der Alltag mit all seinen Ungerechtigkeiten war ihm schon lange zuwider; er sehnte sich danach, sich ganz einem religiösen Leben hinzugeben. Sein Freund, der örtliche Priester in Kriens, riet ihm zu regelmäßigen Gebeten, aber das half ihm nicht. Es dauerte fünf Jahre, bis seine Frau ihm die Erlaubnis gab, sie und die zehn Kinder zu verlassen und sich als Einsiedler in eine Klause zurückzuziehen. Als Eremit Niklaus von Flüe wurde er ein Heiler und berühmter Ratgeber, der sogar Einfluss hatte auf die Schweizer Politik. An manchen Tagen warteten über 600 Menschen vor seiner Klause und es wird berichtet, dass jeder erfüllt und bereichert nach Hause ging.

Auch Eileen Caddy, die mit ihrem Mann Peter später die heute weltberühmte spirituelle Gemeinschaft Findhorn gründen sollte, stand vor der schwersten Entscheidung ihres Lebens, als sie sich in Peter Caddy verliebte und gleichzeitig ihre mediale Begabung zum Vorschein kam. Der Ruf, ein spirituelles Leben zu führen, war überwältigend; Eileen verließ ihren Mann und ihre fünf Kinder aus dieser Ehe, und weil ihr der Umgang mit ihnen daraufhin gerichtlich untersagt wurde, musste sie mit der Kontaktaufnahme warten, bis jedes Kind volljährig war.

Als die amerikanische Zen-Lehrerin Toni Packer begann, sämtliche Riten und Vorschriften ihrer Zen-Tradition radikal zu befragen, entdeckte sie die Schriften Jiddu Krishnamurtis, von denen sie sich unterstützt fühlte. In einem langen und schmerzhaften Prozess erkannte sie, dass sie den Weg der traditionellen Zen-Schulung nicht weitergehen konnte. Sie verließ das Zentrum, in dem sie ausgebildet worden war und gelehrt hatte, und einige ihrer Schülerinnen und Schüler empfanden dies als Verrat und tiefen Einschnitt in ihrem Leben. Toni Packer entwickelte schließlich ihre eigene Arbeit, das meditative Fragen ohne Tradition, Religion und Übertragungslinie.

Auch Thich Nhât Hanh wurde nur deshalb ein großer Lehrer, weil er als junger Mönch dem Ruf seines Herzens folgte. Der Buddhismus in Vietnam war in jener Zeit in konservativen Hierarchien erstarrt und hatte den Menschen keine Inspirationen für ihr Leben mehr zu bieten. Der Mönch Thich Nhât Hanh begann, Artikel und Bücher über seine Ideen eines buddhistisch geprägten sozialen Engagements und einer vereinigten buddhistischen Kirche zu veröffentlichen. Daraufhin stellte die Kirchenhierarchie die von ihm herausgegebene Zeitschrift ein. Während er auf einer Vortragsreise war, wurde er aus der An-Quang-Pagode, die er selbst mit gegründet hatte, ausgeschlossen; dasselbe passierte noch ein zweites Mal im Xa-Loi-Tempel. Eine weniger starke Persönlichkeit hätte in diesem Augenblick vermutlich aufgegeben und den bequemen Weg der Anpassung an die Hierarchie gewählt. Und war er nicht als junger Mönch zu Gehorsam verpflichtet? Wir wissen, wie die Geschichte weiterging: Thich Nhât Hanh durfte nach einer Vortragsreise durch die USA, auf der er sich für ein Ende des Vietnamkriegs aussprach, nicht mehr in seine Heimat zurückkehren, baute im Westen mehrere große Klöster auf, wurde ein weltberühmter Lehrer und von Martin Luther King jr. für den Friedensnobelpreis vorgeschlagen.

Wir haben es hier mit existenziellen Entscheidungen zu tun. In einer solchen Situation, die Carl Gustav Jung »Pflichtenkollision« nennt, scheint es egal zu sein, wie wir uns entscheiden: In jedem Fall verliert jemand und erleidet Verluste. Thich Nhât Hanh wurde krank über dem Streit mit den konservativen Kräften, und viele Mitglieder der von ihm gegründeten »School of Youth for Social Service« wurden während des Vietnamkriegs ermordet. Die Kinder von Niklaus von Flüe und Eileen Caddy litten vermutlich schwer darunter, ohne Vater bzw. Mutter aufwachsen zu müssen, und Eileen Caddy erzählt offen von den Vorwürfen, denen sie sich stellen musste. Andererseits haben unzählige Menschen in Findhorn spirituelle Anregungen gefunden, ganz zu schweigen von den Wohltaten, die ein Land durch Niklaus von Flüe erfuhr. Thich Nhât Hanh wurde zu einem Lehrer für Hunderttausende. Und wenn sich Prinz Siddhartha von der moralischen Empörung seiner Umgebung hätte zurückhalten lassen, wäre der ganzen Welt ein großes Geschenk verloren gegangen: das Wissen um den Weg zur Befreiung vom Leiden.

Die Kategorien Gut und Böse taugen nicht als Maßstab für existenzielle Entscheidungen, denn Moral gehört zu unserem Alltagsleben – der historischen Dimension. Moral hilft uns vielleicht, grobe Fälle von Kindesmisshandlung, Untreue und Unterschlagung zu beurteilen (und selbst da habe ich meine Bedenken, weil die entscheidende Frage nicht gestellt wird: Warum misshandelt der Misshandelnde, warum tötet und veruntreut jemand?). Der Ruf aber kommt gerade aus dem noch Unmanifestierten, der transzendentalen Ebene. Wenn wir das Noch-nicht-Gewusste aufgrund des Bekannten beurteilen, nehmen wir ihm das Numinose und machen es klein und handhabbar. So schützen sich viele Menschen erfolgreich vor der Zumutung, von der Transzendenz angerufen zu werden – und niemand wird je wissen, was der Welt durch diese Weigerung, dem Ruf zu folgen, verloren geht.

Genau genommen steht es uns gar nicht zu, den Ruf zu verweigern, wenn wir ihn gehört haben. Unsere Heilung ist nicht unsere Privatangelegenheit; alles ist mit allem verbunden, und jede unserer Handlungen und selbst jeder Gedanke haben eine Wirkung auf das Ganze. Ich hatte das Privileg, bei einigen wunderbaren Lehrern lernen zu dürfen, und bin häufig allein von ihrer Präsenz, Kraft und Klarheit verwandelt worden. Ein einziger heiler Mensch kann durch sein Da-sein die ganze Umgebung prägen. Wie also dürften wir den Anruf überhören, der uns auffordert, uns selbst zu heilen, um heilend in der Welt wirken zu können? Wer ist es denn, der uns da ruft – sind es nicht die zahllosen Wesen, die unsere Hilfe brauchen? Da es keinen Unterschied gibt zwischen einem Innen und einem Außen, kommt auch der Ruf aus dieser Ganzheit, von der wir ein untrennbarer Teil sind.

Und welches ist der »Ort«, den wir verlassen müssen? Das ist ganz unterschiedlich, aber die Menschen, die ich seit Jahren auf diesem Weg begleite, leben alle noch in ihren Häusern und haben ihre Ehen nicht gelöst. In den meisten Fällen sind die Orte geistiger Art und haben mit unseren Anhaftungen zu tun: Es sind unsere gewohnten Denkweisen, unsere Vorurteile, unsere gewohnheitsmäßigen Energien, die wir Schritt für Schritt verlassen müssen, um eine umfassendere Sicht zu gewinnen und uns zu öffnen für das Größere, das uns verändern wird. Ich habe allerdings auch gesehen, dass Denkweisen und Gewohnheiten so verführerisch erscheinen können wie ein Palast, und sie aufzugeben kann so beängstigend und schmerzhaft sein wie das Verlassen einer Geborgenheit, an die wir uns gewöhnt haben.

Ich gebe dich frei

Wer war Yasodhara, die Frau von Prinz Siddhartha? Thich Nhât Hanh zeichnet sie in seinem Buch »Wie Siddhartha zum Buddha wurde« als eine kluge Frau. Ich bin sicher, dass dies Thich Nhât Hanhs eigenes Bild von ihr ist, das sich so in den alten Schriften nicht finden lässt. Aber natürlich bin ich mit ihm einer Meinung: Yasodhara muss eine außergewöhnliche Frau gewesen sein. Nicht nur imstande, einen Prinzen von hohen Geistesgaben zu fesseln, sondern auch fähig, ihn gehen zu lassen, als er gehen musste.

Ich habe viele Male beobachtet, wie viel Schmerz entsteht, wenn eine Bindung – gesetzlich beglaubigt oder nicht – durch den Weggang des einen Partners zerbricht. Es ist, als würden die feinen Fäden, mit denen zwei Menschen im Lauf der Zeit aneinandergenäht wurden, gewaltsam zerrissen. Und da spielt es keine Rolle, aus welchen Gründen die Trennung erfolgt, und ob wir uns oder den Partner selbstsüchtig finden oder die Trennung für einen oder beide Menschen tatsächlich notwendig ist. Für diese Ebene der Erfahrung sind die Richtlinien der buddhistischen Ethik gedacht. Wie die Bezeichnung schon andeutet, sind sie Wegweiser, die uns sagen, in welche Richtung wir uns wenden sollen, wenn wir an einer der zahlreichen Wegkreuzungen des Lebens stehen. Sie empfehlen immer den Weg, der so wenig Schmerz wie irgend möglich erschafft – für uns selbst und für andere Menschen.

Yasodhara hatte es in gewisser Weise leichter als viele von uns. Prinz Siddhartha vertauschte nicht die eine Frau gegen die andere, sondern eine begrenzte Ebene der Erfahrung gegen die höchste, die dem Menschen möglich ist. Das nahm diesem Verlassenwerden den Stachel des Persönlichen: Yasodhara war nicht »schuld«, sie war nicht einmal verantwortlich, und ohnehin konnte sie nichts tun, um ihren Mann zu halten.

Können wir, in all unserem Schmerz über das Verlassenwerden, die Größe haben, den anderen freizugeben? Können wir ihn seinen eigenen Weg gehen lassen, wie unerleuchtet auch immer er uns erscheinen mag, ohne ihm wüste Beschimpfungen hinterherzuschicken oder einen Rachefeldzug zu planen? Und das Wichtigste: Können wir all dies tun, ohne uns von unserem tiefen Schmerz über den Verlust abzuschneiden, indem wir ihn unterdrücken, nicht wahrhaben wollen, uns in Ablenkungen flüchten?

Ein japanischer Mönch sagte einmal zu einer Freundin von mir: »Mann kommt, Mann geht, na und? Kein Problem!« Nein, von der transzendentalen Dimension her gesehen ist das wirklich kein Problem. Auf der psychologischen Ebene aber ist unser Schmerz eine Realität, um die wir uns kümmern müssen, vielleicht mithilfe von guten Freunden oder einer Therapeutin. Wenn wir dies in tiefer Aufrichtigkeit, mit Zärtlichkeit und Mitgefühl für uns selbst tun, können wir etwas entdecken: Der uns zerreißende Schmerz selbst ist einer der Schlüssel, der die unsichtbare Tür in unserem Geist aufschließen kann.

Das Sichkümmern um unseren Schmerz ist immer eine Arbeit an uns selbst. Wir können niemand anderen ändern, erziehen, erleuchten. Wir können nicht einmal uns selbst ändern, erziehen, erleuchten! Aber wir können hoch bewusst in diesem Augenblick unseren Schmerz wahrnehmen und in ihn hineinatmen. Nur dies. Schmerz und Atem. Atem und Schmerz.

Und da – genau in diesem Augenblick – öffnet sich die Welt.

Inmitten der größten Dunkelheit haben wir die Möglichkeit, einen Moment des Leuchtens zu erleben. Inmitten des

Schmerzes finden wir den Punkt, an dem der Schmerz gestillt ist: das Auge des Zyklons, der Punkt der Stille im Herzen des Orkans. Ich habe viele Orkane in meinem Leben erlebt, und rückblickend weiß ich: Sie waren meine größte Chance, für einen Augenblick zu erwachen, auch wenn ich sicher nicht alle Stürme gut genug genutzt habe.

Schmerz und Atem. Atem und Schmerz. Nur dies.

Es wird immer behauptet, der Buddha habe seine Erleuchtung aus eigener Kraft erlangt. So ganz scheint mir das nicht zu stimmen: Diese Erleuchtung wurde vorbereitet von einer Frau, die die Größe hatte, der Größe eines anderen nicht im Weg zu stehen. Ein Gemeinschaftswerk ist diese Erleuchtung, das Ergebnis einer wahren Ehe.

Zen ist nichts Besonderes

Die Geschichte von den reisenden Mönchen

Ein paar reisende Mönche besuchten einst einen berühmten Zen-Meister und fragten ihn, worin denn seine Übung bestehe. Der Zen-Meister sagte: »Ich esse, ich gehe, ich sitze, ich schlafe.« Die Mönche fanden die Auskunft etwas dürftig und waren entschlossen, hinter das Geheimnis zu kommen, das der Zen-Meister, wie sie meinten, vor ihnen verbarg. Ärgerlich gab einer von ihnen zurück: »Das ist doch nichts Besonderes. Auch wir essen, gehen, sitzen und schlafen.« Der Zen-Meister sagte freundlich: »Ja, aber wenn ich esse, dann esse ich, und wenn ich gehe, dann gehe ich. Wenn ich sitze, dann sitze ich, und wenn ich schlafe, dann schlafe ich.«

Reisen, um zu finden

Eine bescheidene Geschichte ist das, die so oft erzählt wird, um das Zen zu charakterisieren. Ist es überhaupt eine Geschichte? Sie hat keine Handlung, keine Entwicklung und scheinbar nicht einmal einen Helden. Sie befriedigt unseren Intellekt nicht, und deshalb haben wir vielleicht das Gefühl, wir könnten nichts aus ihr lernen. Und wie die reisenden Mönche versuchen wir, hinter ihr Geheimnis zu kommen, indem wir neue Fragen stellen, und ebenso wie die Mönche müssen wir erkennen, dass unsere Fragen uns nicht weiterbringen.

Diese Geschichte ist wirklich nichts Besonderes. Und deshalb ist sie durch und durch Zen.

Da steht also ein alter Zen-Meister vor seiner Hütte irgendwo in den Bergen (Zen-Meister sind immer alt, denn man braucht ein ganzes Leben, um so einfach zu werden) und sieht ein paar junge Mönche den Berg hinaufkommen. Sie unterhalten sich lebhaft; einer fuchtelt mit den Armen in der Luft herum, ein weiterer schüttelt heftig den Kopf, und nur der Zen-Meister bemerkt den Hasen, der sich am Waldrand an den Boden duckt. Es ist noch früh am Tag, auf den Gräsern liegen winzige Perlen aus Tau. Die Mönche wissen nichts von den Schätzen im Gras; unter ihren Sandalen zersplittern die Perlen und ein frischer, nie dagewesener Morgen entfaltet sich von ihnen unbemerkt und vergeht.

Als ich zum ersten Mal mit dem Zen in Berührung kam, war ich achtzehn. Eine mütterliche Freundin schenkte mir das Buch von Eugen Herrigel »Zen in der Kunst des Bogenschießens«. Ich war betroffen von einer tief inneren Verwandtschaft mit dieser merkwürdigen Sache namens Zen; was ich dort las, erinnerte mich an etwas, das ich erfahren hatte, aber nicht wiederfinden konnte. Mit unfehlbarer Sicherheit wusste ich, dass ich mich dem Zen zuwenden würde. Und dennoch dauerte es viele Jahre, bis ich mich in einem Zendo auf einem Zafu wiederfand, um die formale Meditation zu erlernen. In den Jahren dazwischen hatte ich äußerlich ein ganz gewöhnliches Leben geführt, aber die Welt, in der ich lebte, schien nicht das Geringste zu tun zu haben mit der hohen Ebene, die der Meister von Eugen Herrigel beschrieb. Welcher von den Politikern, die ich im Fernsehen sah, schwang schon das »Schwert der Wahrheit« und ließ sich »durch es richten«? Ich saß stundenlang in Cafés, um Menschen zu beobachten; meines Erachtens war darunter nicht einer, der »Leben und Tod gemeistert« hatte und »frei war von jeglicher Furcht«. Und keiner von den interessanten Menschen, die ich bedingt durch meinen Beruf als Schriftstellerin kennen lernte, konnte mir erklären, was der seltsame Ausruf des Meisters im Bogenschießen zu bedeuten hatte: »Der rechte Schuss im rechten Augenblick bleibt aus, weil Sie nicht von sich selbst loskommen!«

Ich war viele Jahre lang eine reisende Mönchin.

Daran ist nichts Falsches. Irgendwann haben wir einen Ruf erhalten; er kam in Form eines Buches, eines Vortrags, einer Begegnung mit einem Menschen, vielleicht sogar durch einen Verlust, eine Krankheit, einen Schicksalsschlag. Etwas hatte für den Bruchteil einer Sekunde die Kraft, durch die Tore unseres Ich-Palastes, in den wir unser Leben lang eingeschlossen waren, zu schlüpfen. Wir sind verunsichert, aufgestört. Und machen uns wie Prinz Siddhartha auf die Suche nach jemandem, der oder die uns geben kann, was wir zu brauchen meinen – sei es eine Erklärung, eine Lehre, eine Übung oder eine Sicherheit. Wir hätten gern eine tiefgründige Analyse unseres Zustands, der irgendwie kosmische Dimensionen zu haben scheint. Hat uns ein Engel gestreift, hat sich in uns ein Archetyp konstelliert? Stehen wir kurz vor der Erleuchtung (oder mit einem Bein in der Psychiatrie)? Und dann kann es uns passieren, dass wir auf unserer Reise einen symbolischen Berg hinaufsteigen und von einem kleinen alten Mann empfangen werden, der uns von oben bis unten mustert und in unüberbietbarer Schlichtheit sagt: »Wenn du gehst, dann geh!«

Kein Mantra, keine Zauberformel, keine magische Praktik. Nichts als die Anweisung, voll und ganz präsent zu sein in allem, was wir tun. Mit anderen Worten: achtsam zu sein.

Daisetz Teitaro Suzuki, einer der wichtigsten Vermittler des japanischen Zen im Westen, sagte einmal, Zen erziehe den Menschen systematisch dazu, die Lebensfülle auf dem kürzesten und lebendigsten Weg zu erfassen. Zen öffne den Menschen die Augen für das große Mysterium und schenke ihnen ein Leben, als wandelten sie mitten in der Welt im Garten Eden.

Die Lebensfülle erfassen, und das auf dem kürzesten und lebendigsten Weg – wer wollte das nicht? Aber unser Alltag mit seinen Verpflichtungen, Terminen und Vergnügungen schenkt uns nicht unbedingt den Eindruck der Fülle und auch das Gefühl, im Garten Eden zu wandeln, haben wir höchst selten. Was also fehlt uns? Oder geht es gar nicht um Fehlendes?

Zen will unserem Leben nichts hinzufügen, eher will es etwas wegnehmen: den Schleier, der vor unseren Augen liegt und uns daran hindert, das ganz gewöhnliche Leben als Mysterium zu erfahren. Dem, der im Zen lebt, erscheinen die Dinge, Ereignisse und Begebenheiten als Wunder: Sie strahlen einen Glanz aus, der nicht von dieser Welt ist, und dennoch sind sie gleichzeitig ganz gewöhnliche Dinge, Ereignisse und Begebenheiten. Ein solcher Mensch ist frei von den falschen Vorstellungen, die ihm früher Leiden verursachten. Er ist »erwacht«.

Wo aber liegt der Schlüssel zu dieser radikal anderen Art der Wahrnehmung? Was ist es, das die Kraft hat, die Schleier vor unseren Augen zu entfernen? Welche Übung hätte der Buddha empfohlen, was wurde und wird in den Zen-Klöstern praktiziert, was sagte der alte Meister zu den jungen Mönchen?

Wenn du gehst, dann geh. Wenn du sitzt, dann sitze. Wenn du hungrig bist, dann iss, und wenn du isst, gibt es nichts anderes für dich als Essen.

Die Essenz des Lebens im Geist des Zen ist die völlige Präsenz im gegenwärtigen Augenblick. Denn es gibt nur *diesen* Augenblick und niemand von uns kann ihm entrinnen. Ob wir uns an Vergangenes erinnern oder Zukünftiges erhoffen oder befürchten: Wir erinnern und fürchten uns *jetzt*. Deshalb sagt das Zen, dass Vergangenheit und Zukunft nicht wirklich existieren. Mit den ihm eingeprägten Vorstellungen von Geburt und Tod, dem Wesen von Zeit und Raum und der Überzeugung, ein vom Ganzen abgetrenntes Ich zu sein, erschafft der Geist sich selbst sein Leiden. Den Geist von allen falschen Vorstellungen zu reinigen, sodass er seine wahre Natur erkennt – das ist der eigentliche Sinn der Zen-Praxis.

Dieses »Erkennen unserer wahren Natur« ist im Tiefsten eine mystische Erfahrung und die Besonderheit des Zen liegt darin, dass es diese Erfahrung nicht dem Zufall überlässt, sondern Methoden anzubieten hat, mit denen der Geist gezähmt und die Wachheit geschult wird – um eben diese Erfahrung möglich zu machen. Die grundlegende Praxis des Zen ist das Zazen, das Sitzen mit gekreuzten Beinen in tiefer, gleichzeitig aber höchst lebendiger Versenkung. Das Sitzen jedoch ist nicht das Ziel, sondern ein Mittel, und deshalb pflegen Zen-Meister ihren Schülern zu sagen: »Alles ist Sitzen.« Erst wenn dieselbe Kraft und Wachheit wie im Sitzen, dieselbe klare, aber gleichzeitig schwebend-gelöste Achtsamkeit auf alles, was sich gerade ereignet, jede einzelne Handlung begleitet, ist Zen in allem, was der Schüler tut. Deshalb ist auch das Gehen ein »Sitzen«, das Essen, das Fegen des Klosterhofes, das Läuten der Glocke, das Singen und Rezitieren der Sutras.

Wenn aber das Fegen des Klosterhofes »Sitzen« ist, dann kann auch das Putzen unserer Wohnzimmerfenster, das Abspülen unseres Frühstücksgeschirrs, das Backen eines Kuchens und das Stricken eines Pullovers »Sitzen« sein. Dann könnte – da Zen in jedem Augenblick praktiziert werden kann – die tiefste Wahrheit sich enthüllen, während wir unseren Tee trinken, mit der Katze spielen oder ein Telefongespräch führen. Für das Zen gibt es keine Trennung zwischen Innen und Außen, gewöhnlich und ungewöhnlich, alltäglich und besonders. Der Obdachlose *ist* der Buddha, und das Wechseln der Windeln ist eine heilige Handlung, von derselben Bedeutung wie der Gesang der Mönche im Tempel.

Hier liegt der Schlüssel für eine fruchtbare Praxis des Zen mitten im gelebten Leben, und das Schlüsselwort heißt Achtsamkeit.

Die Praxis eines Zen-Schülers besteht darin, seine hellwache Gegenwärtigkeit in jedem Augenblick aufrechtzuerhalten – oder sie wiederherzustellen, sobald ihm bewusst wird, dass er seinen Gedanken nachhängt oder in innere Gespräche verstrickt ist. Ein Zen-Schüler, auch wenn er mitten in New York, Madrid oder Berlin lebt, setzt seine Füße auf den Boden und weiß, dass er seine Füße auf den Boden setzt. Er spürt die Beschaffenheit der Erde, des Asphalts oder des Teppichbodens, er rollt den Fuß bewusst von der Ferse her zu den Zehen ab. Ein Zen-Schüler führt jede einzelne Alltagshandlung mit voller Hingabe aus, ohne ins Träumen oder Sicherinnern zu fallen und ohne mit seiner Handlung einen Zweck zu verbinden. Im Handeln selbst liegt der Sinn; im voll gelebten Augenblick, ungeachtet seines Inhalts, spricht sich das Leben aus: kraftvoll, lebendig und immer wieder neu.

Achtsamkeit ist das Herz des Zen und das Schlüsselwort für unsere Heilung. Wir achten auf alles, was in uns und um uns herum geschieht, und nehmen es wahr in seiner jeweiligen Eigenart, ohne es mit unseren Meinungen, Vorurteilen, Ängsten, Wünschen oder Hoffnungen zu verunreinigen. Diese hellwache Präsenz im Augenblick hat eine tiefe, heilsame Wirkung, und wir sollten sie in ihrer scheinbaren Einfachheit nicht unterschätzen. Sie macht den Unterschied aus zwischen dem Meister und den jungen Mönchen, die ihren Vorstellungen von »wahrem Zen« hinterherjagen und nicht sehen, dass sie »Zen« in jedem Augenblick hätten sehen können. »Zen« steigt mit dem Lied der Drossel zum Himmel und hängt als Tauperle am Grashalm, obwohl es weder das Lied noch die Perle *ist*. Ein Erwachen für das, was ist, kann in jedem Augenblick stattfinden. Aber dafür müssen wir innehalten und unsere Erwartungen, Vorstellungen, Träume und Ängste radikal loslassen – auch die Erwartung, auf der Spitze des Berges erwarte uns ein Meister, der uns gibt, was wir zu brauchen meinen.

Wären wir wirklich fähig, achtsam zu sein in jedem Augenblick, brauchten wir weder einen Lehrer noch eine Praxis. »Zen« wäre ein Fremdwort für uns und ganz bestimmt würden wir nicht auf irgendwelche Berge klettern in der Hoffnung, von einem alten Mann erleuchtet zu werden. »Das Mysterium findet im Hauptbahnhof statt«, sagte der Künstler Joseph Beuys. Inmitten von Koffern, rennenden Reisenden und Obdachlosen, überquellenden Abfallkörben und den Männern, die vor den Toiletten herumlungern. Das hören wir nicht gern. Wir hätten es lieber glanzvoll, außergewöhnlich. Erstens ist das reizvoller, und zweitens gibt uns die Entrückung des Mysteriums ins Außergewöhnliche eine Entschuldigung dafür, dass wir es noch immer nicht entdeckt haben.

Das Zen pflegt zu sagen: »Der Weg ist das Ziel.« Von unserer begrenzten Wahrnehmung her sieht es zwar so aus, als kämen wir voran, würden Fortschritte machen, uns verändern, gar verbessern. Aber stimmt das wirklich? Ein Begriff, der die Illusion des Voranschreitens stärkt und auch in Zen-Kreisen benutzt wird, ist »Übung«. Wir üben, um etwas zu erreichen; irgendwo gibt es ein Ziel, auf das wir uns ausrichten und das wir mithilfe unserer Übung zu erreichen hoffen. Dann wird, so nehmen wir an, das Üben überflüssig sein; wir werden uns befriedigt zurücklehnen und uns auf unseren Lorbeeren ausruhen. »Üben« ist die Tätigkeit der reisenden Mönche.

Wenn es aber keinen Weg gibt, dann zählt jeder einzelne Schritt in jedem einzelnen Augenblick. Jede Geste, jede Handlung, jeder Gedanke. Wenn es kein Ziel zu erreichen gibt, dann ist es nicht wichtig, w*as* ich tue und *wohin* ich gehe, sondern *wie* ich etwas tue und *wie* ich gehe.

Eine einfache Praxis ist dies. Und dennoch ist es für die meisten Menschen nicht leicht, zu dieser Einfachheit zu gelangen. Wir wollen es kompliziert. Wir ziehen es vor, uns über Dinge den Kopf zu zerbrechen und uns verwickelte Theorien und Spekulationen auszudenken. Die schlichte Handlung, die Füße in jedem Augenblick bewusst auf den Boden zu setzen, erfordert dagegen Entschlossenheit, Enthusiasmus und Leidenschaft. Wer verpflichtet sich zu solch einer lebenslangen Praxis? Im Allgemeinen nur der, der alle vermeintlichen Lösungen und Tröstungen, die uns von der Gesellschaft angeboten werden, ausprobiert und verworfen hat. Der wahre Zen-Schüler ist noch heute ein geistiges Kind des Prinzen Siddhartha: Er hat in irgendeiner Form das Leiden erlebt und ist entschlossen, das Leiden zu beenden, sein eigenes wie das der anderen.

Der tiefste Herzenswunsch

Es gibt zwar vom absoluten Standpunkt aus gesehen keinen Weg, aber dennoch bewegen wir uns mit allem, was wir tun, in eine Richtung. Diese kann sich als hilfreich oder schädlich erweisen, als heilsam oder unheilsam. Wie wählen wir unsere Richtung, wenn nirgendwo ein Ziel winkt, wir aber, wie das sooft vorkommt, an einer Wegkreuzung stehen und uns entscheiden müssen: links, rechts oder geradeaus? Wir leben in der Welt der Manifestationen, und jeder von uns muss tägliche, banale und ein paar grundlegende, lebenswichtige Entscheidungen treffen. Soll ich heute Abend fernsehen oder in die Meditationsgruppe gehen? Soll ich eine Familie gründen oder meine ganze Kraft dem Engagement für die Länder der Dritten Welt widmen? Soll ich Nonne werden, Schriftstellerin oder Sozialarbeiterin?

Entscheidend in diesem Moment ist unsere Motivation. Sie ist Ausdruck unserer Einzigartigkeit, und sie liegt tief in unserem Sein verborgen. Natürlich liefern uns die Lehrreden des Buddha, die Richtlinien und das gesamte Umfeld der Zen-Klöster und Praxiszentren Motivationen vorformuliert frei Haus. Da ist viel von Mitgefühl die Rede, von Befreiung, von Frieden, vom Beenden des Leidens. Alles sehr heilsam und wertvoll, und deshalb ist die Gefahr groß, dass wir einen dieser Begriffe, der uns besonders anspricht, für unsere Motivation halten und blind übernehmen. Das Problem ist nur: Wenn die Motivation nicht wirklich aus unserer eigenen Tiefe kommt, wird sie sich bei der ersten Herausforderung, die das Leben an uns stellt, als nicht tragfähig erweisen und uns ratlos an der Wegkreuzung stehen lassen.

Wenn Menschen eine Zeit lang in einer Gruppe praktiziert haben, taucht unweigerlich die Frage nach ihrer Motivation auf. Am Anfang ist alles neu und aufregend; man lernt nette Menschen kennen, die Praxis ist interessant, und an den Tagen der Achtsamkeit in unserer Freiburger Intersein-Sangha gibt es zudem ein hervorragendes Mittags-Büfett. Aber irgendwann wird das Neue zur Gewohnheit, und jetzt entscheidet die Motivation darüber, ob jemand bleibt und seine Praxis vertieft oder nach neuen Sensationen Ausschau hält. Wenn ich merke, dass jemand an diesem Punkt angelangt ist, stelle ich ihm oder ihr die Frage: »Was ist dein tiefster Herzenswunsch?«

Wir sollten diese Frage nicht zu schnell beantworten, die erste Antwort ist oft die falsche. Aber wir können sie tief in unseren Geist versenken und uns ihrer stets bewusst sein, während wir unseren täglichen Pflichten nachgehen. Auf der konkreten Ebene des Lebens kochen, putzen, kommunizieren und referieren wir, während wir gleichzeitig nach innen lauschen und in uns hineinspüren: Ist es dies … oder das …? Der wahre Herzenswunsch ist unüberhörbar, sobald er sich meldet. Er kommt mit einem überwältigenden Gefühl der Freiheit, Weite und Offenheit; es ist, als seien wir heimgekehrt, nachdem wir lange in der Fremde waren.

Wenn wir unseren tiefsten Herzenswunsch kennen und ihn festhalten durch alle Turbulenzen des Lebens hindurch, können wir nie in die Irre gehen. Er ist der Wegweiser an der Wegkreuzung, der Stern am Himmel über dem dunklen Wald. Und er ist immer eine Qualität, nie ein Beruf! Der Beruf ist nur die Form, in der die Motivation ausgedrückt werden kann. Wenn Sie also das ersehnte Medizinstudium wegen des Numerus clausus verpasst haben, finden Sie heraus, welche Qualität Sie als Arzt hatten ausdrücken wollen. Wollten Sie helfen, heilen, lieben? Es gibt viele Möglichkeiten, dies zu tun. Der Arztberuf ist nur eine davon.

Das Entdecken des tiefsten Herzenswunsches kann auch dazu führen, dass wir unseren Beruf auf neue Weise ausüben. Ich unterhielt mich einmal mit einer Schauspielerin, die irgendwann keinen Sinn mehr darin sah, auf der Bühne zu stehen. Die Stücke, in denen sie auftrat, und ihre Rollen darin entsprachen nicht dem, was sie als Schauspielerin ausdrücken wollte. Sie geriet in eine schwere Krise; nach langem innerem Ringen begriff sie, dass es ihr um etwas ganz Schlichtes ging: Sie wollte Menschen mit ihrem Spiel glücklich machen. Sie verließ das Theater, lernte in New York Pantomime und Akrobatik und arbeitet heute als Clownin auf den Kinderstationen großer Kliniken. Die krebskranken Kinder sind ihr liebstes Publikum. »Ihre Krankheit hat sie zu ernsten kleinen

Erwachsenen gemacht«, sagte sie zu mir. »Ich gebe ihnen für eine Stunde zurück, was ihnen zusteht: eine glückliche, unbeschwerte Kindheit.«

Nicht-besonders

Die reisenden Mönche in unserer Geschichte sind inzwischen auf dem Berg angekommen. Der erste Blick auf das heiß ersehnte Ziel ist enttäuschend. Kein Tempel, kein raffiniert angelegter Garten, kein Abt in imponierender Robe. Nur eine etwas windschiefe Hütte und davor ein kleiner alter Mann, der offensichtlich nichts zu sagen hat. Sie tauschen Blicke untereinander. Sie haben drei Stunden Fußweg auf sich genommen, um zu einer Tasse lauwarmem Tee eingeladen zu werden von einem Mann, der unfähig ist, ihre Fragen auch nur zu begreifen. Wie ist der Mann bloß zu seinem Ruhm gekommen? Sie seufzen. Wieder ein vergeudeter Tag.

Wir sprechen im Zen von der Entwicklung des Auges der unterscheidenden Weisheit. Dieses Auge sieht durch alle äußeren Erscheinungsformen hindurch in die Tiefe der Dinge und entdeckt im Unvollkommenen das Vollkommene, in der Leere die Fülle, in der Dunkelheit das Licht – aber auch im Höhepunkt das Absterbende, im Licht die Dunkelheit. Und es kann die Einzigartigkeit unseres wahren Wesens unterscheiden von der Besonderheit, die sich unser Ego im Lauf unseres Lebens zugelegt hat, um sich zu schützen, zu bestätigen oder zu stärken.

Solange wir nicht wenigstens einen winzigen Moment lang wahre Freiheit verspürt haben, fühlen wir uns im Tiefsten immer irgendwie unsicher, heimatlos, ungeborgen. Wir haben keinen festen Boden unter den Füßen und kein Vertrauen in unsere Fähigkeit, ohne solch einen Boden zu leben. Und so bauen wir uns aus vielen kleinen Bausteinen eine Persönlichkeit zusammen, ein Ich, das uns scheinbar Sicherheit gibt in einer ständig sich verändernden Welt, das aber eine Illusion ist. Dieses Ich, das die Tiefenpsychologie Ego nennt, ist ein Konstrukt aus Erziehung, Elternhaus, den Urteilen unserer Umgebung, unseren eigenen Wünschen, Ängsten und Erfahrungen und den kleinen Besonderheiten, die wir uns zugelegt haben, um uns von anderen zu unterscheiden.

Ich finde es spannend zu beobachten, mit welchen Besonderheiten sich jemand schmückt und was dies über seine tief verborgenen Unsicherheiten verrät. Ein Bekannter von mir sammelt historisches Spielzeug; als ich einmal, bedrängt von seinen vollgestopften Räumen, bemerkte, dass alles vergänglich sei und irgendwann losgelassen werden müsse, sagte er heftig, von dieser buddhistischen Negativität wolle er nichts hören. Gelegentlich treffe ich Zen-Schüler, die stolz ihre Robe oder ihren geschorenen Kopf tragen, und ich kenne ein paar Menschen, die alles tun, um den Titel eines Dharma-Lehrers zu bekommen. Offensichtlich vertrauen sie ihrer Fähigkeit nicht, für ihre Mitmenschen auch ohne Titel ein Lehrer zu sein, nämlich die Lampe, die den dunklen Weg erleuchtet. Aber auch der schönste Titel wird ihr eigenes inneres Licht nicht zum Leuchten bringen. Dies kann allein ihre Praxis bewirken.

Vor ein paar Jahren ging ich auf einem Feldweg spazieren, da kam ein Tier auf mich zugejagt, das sich als Hund von der Größe eines Kalbs erwies. Hinter ihm her schlenderte eine junge Frau. Als der Hund wenige Meter vor mir angekommen war, pfiff sie auf zwei Fingern und er blieb stehen und starrte mich an. Lässig kam sie näher und sagte mit funkelnden Augen: »Interessante Größe, was?« Es war ein Mastino Napoletano, er ging mir bis zu den Ohrläppchen. Sie war kleiner als der Hund, ein mageres Vögelchen mit bodenlos traurigen Augen. Ich fragte mich, ob in diesem Leben vor ein paar

Jahren der Kinderschutzbund versagt hatte, un
einer der Initiativen, die missbrauchte Frauen u
nicht besser aufgehoben wäre als neben diesem
fällt jeden an, wenn ich es befehle«, sagte sie befr
noch einmal und setzte sich in Bewegung.

Wenn wir die Attribute unserer Besonderheit loslassen, kommen wir uns vielleicht im ersten Augenblick nackt und ausgeliefert vor. Ich kenne Frauen, die nie ohne sorgfältiges Make-up und Kleidung nach der neuesten Mode aus dem Haus gehen, und das dient demselben Zweck wie die Rüstungen der Ritter im Mittelalter: Es soll ein Schutz sein vor möglichen Verletzungen.

Nun bin ich ganz und gar nicht der Meinung, man könne oder solle in naiver Offenheit durch diese manchmal grausame Gesellschaft wandern; das Sich-schützen-können gehört wesentlich zum Heilwerden dazu. Aber unser wahrer Schutz ist unsere Achtsamkeit, die hellwache Präsenz im Augenblick, die uns zeigt, wie die Dinge wirklich sind, wo wir vertrauen dürfen und wo wir besser die Beine in die Hand nehmen und davonlaufen.

Manchmal äußert sich die Besonderheit auch darin, dass wir bestimmte Privilegien für uns in Anspruch nehmen. Ich beobachte in spirituellen Zentren viele Machtkämpfe, die, ähnlich wie in Familien, auf engstem Raum ausgetragen werden und gerade deshalb so zerreißend wirken. Da wird erbittert darum gerungen, wer das letzte Wort über den Speiseplan hat, wer die Glocke läuten und wer auf welchem Platz im Zendo sitzen darf. Auf diese Weise verstärken wir die Trennung zwischen »mir« und »den anderen«, anstatt uns darum zu bemühen, diese Trennung als Illusion zu erkennen.

Vielleicht müssen wir erst die meisten unserer falschen Vorstellungen, Urteile und Meinungen durchschauen, bevor wir as Einzigartige im Gewand der äußeren Schlichtheit sehen können. Denn jeder von uns ist einzigartig, und all das Aufgesetzte und die Verkleidung der Besonderheit verdecken nur dieses uns innewohnende leuchtende Wesen. Wer Zen praktiziert, wird deshalb in gewissem Sinn immer weniger; er oder sie wird leichter, einfacher und klarer. Wie viel Mühe erfordert es doch, unsere Besonderheit ständig aufrechtzuerhalten! Und welche Erleichterung ist es zu entdecken, dass dieser Aufwand völlig unnötig ist.

Die jungen reisenden Mönche sind noch nicht an diesem Punkt. Und deshalb lächelt der alte Meister, der so nichtbesonders ist, dass er schon die Erwartungen vieler Menschen enttäuscht hat. Er weiß, dass die Menschen wie die Früchte zu ihrer eigenen Zeit reifen, und weder das Schütteln und Rütteln noch der beste Dünger zum falschen Zeitpunkt wird die Reife beschleunigen.

Die Mönche verabschieden sich in unhöflicher Eile. Beim Abstieg zertrampeln sie kleine Bergblumen. Der Meister sieht ihnen nach und weiß: Sie werden noch lange suchen müssen, bis sie begreifen, dass es nichts zu finden gibt. Dass Zen nur dies ist: Essen, wenn sie hungrig sind. Schlafen, wenn sie müde sind. Gehen, wenn sie gehen.

Gut für sich selbst sorgen

Die Geschichte von Sona, dem Sitarspieler

Eines Tages weilte der Buddha in einem der spirituellen Zentren, die von seinen Schülern überall im Land gegründet worden waren. In der Nacht – der Buddha saß, wie gewöhnlich, in stiller Meditation – hörte er einen der Mönche die Sutras rezitieren. Die Stimme klang erschöpft, und der Buddha hörte aus ihrem Klang, dass der Mönch in seiner Praxis mit großen Schwierigkeiten konfrontiert war. Am nächsten Tag erkundigte er sich nach dem Mönch und erfuhr, dass es sich um den Ehrwürdigen Sona Kulikanna handelte, den er einige Jahre zuvor kennen gelernt hatte. Sona war von einem Schüler des Buddha ordiniert worden; er kam aus einer wohlhabenden Familie und war klug und kultiviert, aber von zarter Konstitution. Er liebte die Praxis, die der Buddha lehrte, aber die Umstände, unter denen die Sangha lebte, waren für ihn besonders hart: Er durfte nur eine Mahlzeit am Tag zu sich nehmen und musste unter Bäumen schlafen.

Als der Buddha sich an diese erste Begegnung erinnerte, wusste er, dass Sona sich in der Zwischenzeit überanstrengt hatte. So bat er Ananda, ihn zu der Hütte des Mönchs zu führen, und dort stellte er Sona eine Frage: »Bevor du Mönch wurdest, Sona, hast du die 16-saitige Sitar gespielt, nicht wahr?« Mönch Sona bestätigte dies überrascht. Der Buddha fragte Sona: »Wenn du Sitar spielst, und die Saiten sind locker, was passiert dann?« »Dann«, sagte Sona, »ist die Sitar verstimmt.« »Und wenn die Saiten zu straff sind?« »Dann«, sagte Sona, »werden die Saiten wohl reißen.« »Und wenn die Saiten genau richtig sind, weder zu locker noch zu straff?« »Dann«, sagte Sona, »wird die Sitar wunderbare Musik erklingen lassen.«

»So ist es, Sona«, sagte der Buddha. »Wenn man träge ist, kann man in der Praxis keine Fortschritte machen. Aber wenn man zu streng mit sich ist, wird man müde und mutlos werden. Sona, lerne deine eigenen Kräfte kennen und einschätzen! Zwinge Körper und Geist nicht über ihre Grenzen hinaus. Nur dann kann deine Praxis Früchte tragen.«

Wünsche und Bedürfnisse

Ein junger Musiker begegnet der Praxis des Buddha und verliebt sich in sie. Er hat das Gefühl, diese Praxis schon immer in sich getragen zu haben, sie ist wie das Spielen eines Instruments. Er erinnert sich, wie viel Disziplin, Konzentration und unablässiges Üben dazu gehörte, seine Sitar spielen zu lernen. Disziplin und Ausdauer hat er im Übermaß, diese Herausforderung also wird er meistern. Viele der Mönche um ihn herum haben Probleme, sich in die Stille und das scheinbare Nichts zu versenken, das ihnen Angst macht. Sona weiß, dieses Nichts ist in Wirklichkeit voller Musik; er braucht nur die Augen zu schließen, und sie erklingt. Solche Melodien hat er noch nie gehört, und kein einziges der herkömmlichen Musikinstrumente wäre imstande, sie auszudrücken. Diese Klänge brauchen ein feineres, hochsensibles Instrument, das nicht nur aus sechzehn Saiten besteht. Mein eigenes Leben, denkt Sona, soll dieses Instrument sein.

Viele Künstler lieben die Praxis des Buddha, vor allem in Form des Zen. Sie haben keine Angst davor, in transzendentale Ebenen einzutauchen; jeder Maler und Bildhauer, jede Komponistin und Schriftstellerin wird von diesen Ebenen inspiriert, auch wenn sie oder er das nicht weiß. Ein Künstler arbeitet auch nie für sein eigenes Ego, selbst wenn er im Alltagsleben manchmal exzentrisch daherkommt. Die Arbeit wird den Zuhörern, Zuschauerinnen, Betrachtern und Leserinnen geschenkt, sobald sie fertig ist, und gehört dem Künstler danach nicht mehr. Künstler wären eigentlich die idealen Praktizierenden, aber im Allgemeinen sind sie eher Einzelgänger. So meiden sie häufig jene asiatisch-monastischen Schulen, für die, nach dem Vorbild des Buddha, die Gemeinschaft ein wesentliches Schulungsinstrument ist.

Deren Mitglieder empfinden sich zu Recht als Glieder eines einzigen Körpers, der nur dann gesund ist, wenn jedes Glied mit jedem anderen Glied harmonisch zusammenarbeitet. Ein westlicher Künstler dagegen sucht in seiner Arbeit das nie Dagewesene; sein Rang als Künstler wird gerade von der Einzigartigkeit seiner Wahrnehmung und ihres genauen Ausdrucks bestimmt. Dieser Ausdruck wird manchmal von Mitgliedern einer Gemeinschaft als Eigenwillen interpretiert, der die Harmonie stört oder sogar stören möchte. Ein Künstler, der in einer Gemeinschaft praktiziert, muss also immer wieder die heikle Balance herstellen zwischen dem Sicheinfügen in die Gemeinschaft und dem Sichschützen vor Erwartungen, die an ihn und seine Arbeit gestellt werden.

Die Praxis der Achtsamkeit ist für mich eine Form von Kunst, nämlich Lebenskunst. So gesehen sind wir alle Künstler, und die Geschichte von Sona geht uns alle an: Jeder und jede von uns muss lernen, in der Praxis gut für sich selbst zu sorgen und die Balance zu wahren – im Alltag ebenso wie in einem Zendo und einer Praxisgemeinschaft.

Das klingt verführerisch und einfach, aber je länger wir uns mit dieser Aufgabe befassen, umso mehr entdecken wir ihre Tiefgründigkeit. Was heißt »für mich selbst sorgen«? Bedeutet es, mich zu verwöhnen, es mir »gut gehen zu lassen«, mir

»etwas zu gönnen«? Heißt es, mir Vorteile zu sichern, mich »nicht übers Ohr hauen zu lassen«, mir zu nehmen, was ich haben will?

Der erste Schritt zum Verständnis dieser Frage besteht vielleicht darin, herauszufinden, was ich wirklich brauche.

Wir gehen im täglichen Leben sehr freigebig um mit dem Wort »brauchen«. Wir scheinen eine Unmenge zu brauchen im Lauf jedes Tages, und unsere Bedürfnisse haben manchmal den Klang einer Forderung nach sofortiger Erfüllung. Wir brauchen vielleicht einen neuen Mantel, ein neues Auto, einen anderen Partner. Wir brauchen eine größere Wohnung, einen anderen Arbeitsplatz, einen besseren Computer. Sind das nun wahre Bedürfnisse oder in den meisten Fällen nicht eher sehnsüchtige Wünsche, geboren aus unserer grundlegenden Unzufriedenheit? Es gibt im Buddhismus einen zentralen Begriff, Dukkha, der unser alltägliches Unbehagen meint. Dukkha ist das schmerzende Knie nach einer Woche Meditations-Retreat; es ist der Unmut über den nicht enden wollenden Frühlingsregen, der Gram über die nicht erhaltene Beförderung und der Überdruss an unserem täglichen Einerlei. Dukkha ist im Grunde unsere Weigerung, die Dinge, die wir nicht ändern können, so anzunehmen, wie sie sind.

In jeder Meditationsschulung wird auf das Leiden hingewiesen, das wir uns selbst erschaffen durch unseren Gram, den Unmut, den Überdruss. Es ist aber selten die Rede von einem ganz anderen Leiden, das entsteht durch die Verwechslung eines wahren Bedürfnisses mit Dukkha.

Abraham Maslow, einer der wichtigsten Vertreter der Humanistischen Psychologie, erläuterte seine Definition des Begriffs »Grundbedürfnis« in fünf Punkten, von denen die ersten drei für unsere Praxis hilfreich sind. Nach Maslow ist ein Grundbedürfnis dann vorhanden, wenn

- sein Fehlen Krankheit hervorruft,
- sein Vorhandensein Krankheit vermeidet,
- seine Wiederherstellung Krankheit heilt.

Wenn wir also das nächste Mal etwas zu brauchen meinen, können wir uns die folgenden zwei Fragen stellen: Werde ich krank, wenn ich es nicht bekomme? Wäre ich gesund, wenn ich es hätte? Und vergessen wir nicht, dass »Krankheit« ein weit gefasster Begriff ist. Er bedeutet nicht nur Schnupfen, ein Magengeschwür oder Krebs, sondern ebenso die feinen Symptome der mangelnden Balance: Das Gefühl der Überforderung und des Gestresstseins, die chronische Müdigkeit, die alles durchdringende Lustlosigkeit, die schnell aufflammende Aggressivität bei der kleinsten Forderung, die das Leben an uns stellt.

Sona, der Mönch, hat sich diese Fragen nicht gestellt. Er stammte aus einer wohlhabenden Familie, war »klug und kultiviert« und verstand es, die Sitar zu spielen. Aber dann begegnete er der Sangha des Buddha, und die Friedfertigkeit dieses Lehrers, seine Heiterkeit und Gelassenheit zogen ihn magisch an. Zu dieser Gemeinschaft wollte er gehören. Natürlich war ihm klar, dass sein bisheriges Leben ihn nicht auf das Leben als Mönch vorbereitet hatte, und deshalb gab er sich besonders viel Mühe, sich in die Sangha einzufügen und von ihr akzeptiert zu werden. Wahrscheinlich übte er nächtelang die Rezitationen und Gesänge und sang schöner und besser als alle anderen. Wahrscheinlich taten ihm alle Knochen weh auf seinem Lager unter den Bäumen, und die wenigen Stunden, die ihm zum Schlafen blieben, verharrte er mit ängstlichem Lauschen auf jedes Knacken im Unterholz, jeden leisen Schrei eines Tieres. Und niemals hätte er um eine weitere Schale Reis gebeten, auch wenn er vor Hunger immer schwächer wurde. Denn er sah ja, dass andere Mönche mit dem kargen Essen ine Probleme hatten; diese Brüder schliefen noch dazu tief und fest an jedem Platz, an dem sie sich niederließen, und waren trotzdem voller Tatkraft und Freude.

Sona folgte, als er dem Buddha begegnete, dem tiefsten Ruf seines Herzens. Etwas in ihm wusste ohne jeden Zweifel, dass er sein Glück gefunden hatte. Aber worin bestand dieses Glück? Vielleicht in dem brüderlichen Zusammenleben der Mönche, vielleicht in der Nähe zu einem Erwachten oder in der Abwesenheit von all dem Neid, der Gier und der Aggression, die das Leben in der Welt für den sensiblen jungen Mann so unerträglich gemacht hatten. Und wir verstehen sehr gut, dass Sona in seinem Glücksgefühl und dem Wunsch, zu dieser Gemeinschaft zu gehören, glaubte, es wären die äußeren Bedingungen, die zu Frieden und Neidlosigkeit geführt hatten. Aber das karge Essen und das Schlafen unter den Bäumen waren lediglich die Umstände, unter denen das Leben der Sangha in jenen Jahren stattfand; sie waren nicht die Bedingung für das Erwachen.

Als ich zum ersten Mal einen Zendo betrat, passierte mir etwas Ähnliches. Ich war überwältigt von der Schönheit, Schlichtheit und Stille, die den Raum erfüllten. Voller Bewunderung betrachtete ich die schweigenden Menschen, die konzentriert und in tadelloser Haltung auf den Kissen saßen. Der Lehrer faltete meine Beine in die Lotosposition und wies mich an, beim Ausatmen bis zehn zu zählen, besser noch bis 15, und nach dem Einatmen wieder von vorne zu beginnen. Ich saß und zählte und grämte mich, dass mein Atem nur bis neun ausreichte. Im Sommer wurde Durchzug gemacht, im Winter war der Raum morgens eisig kalt. In jedem Sesshin bekam ich Schnupfen, meine Knie schmerzten, mein Rücken brannte.

Ich lernte in diesen Jahren viel über das Wesen und die Notwendigkeit von Disziplin – aber auch über mein eigenes Bedürfnis, die Zen-Disziplin als Aufforderung zum Gehorsam zu betrachten.

Die Samen im Garten unseres Geistes

Die buddhistische Psychologie spricht von einem Speicherbewusstsein, das in jedem Menschen vorhanden ist. In diesem Speicherbewusstsein ruhen die »Samen« all unserer Taten, Erlebnisse und Wahrnehmungen, und die Samen der Taten, Erlebnisse und Wahrnehmungen all unserer Vorfahren. Als ich davon zum ersten Mal hörte, begriff ich, dass dies ein kraftvolles Bild ist, mit dem ich arbeiten konnte. Denn Samen sind Möglichkeiten; sie brauchen nur gegossen zu werden, um das Potenzial zu entfalten, das in ihnen eingeschlossen ist. Wie und wodurch aber werden geistige Samen »gegossen«? Genau auf dieselbe Weise, auf die sie entstanden: Durch unsere Gedanken, Worte, Sinneseindrücke und Handlungen und durch die Gedanken, Worte und Handlungen unserer Umgebung – unserer Familie, Kollegen, Lehrer, Nachbarn und der Gesellschaft.

Wenn ich also ein und denselben Gedanken immer wieder denke, wird er sich irgendwann als Handlung oder Umstand in meinem Leben manifestieren. Wenn ich mich mit unzufriedenen, nörgelnden Menschen umgebe, werden meine eigenen Samen der Unzufriedenheit genährt, und auf einmal werde auch ich in allem die Mängel sehen und mich über mein Los beklagen. Wir sollten uns darüber im Klaren sein, dass ein Teil dieser Samen uns von unseren Vorfahren vererbt wurde. Neben angenehmen Samen wie Freude, Gelassenheit und Liebe ruhen in jedem von uns Samen, die wir mit äußerster Vorsicht behandeln sollten: jene der Wut, der Gier und des Neides zum Beispiel. Seit ich die Arbeit an meinen Samen zu meiner Praxis gemacht habe, sehe ich Menschen, die mir und anderen schaden, mit völlig anderen Augen an. Diese Menschen gießen – unwissend, wie sie sind – immer noch ihre (und meine) unheilsamen Samen und ahnen nicht, dass es in ihrer Hand läge, ihr Leben (und meines) zu verändern.

Wir haben es hier nicht lediglich mit einem hübschen poetischen Bild zu tun, das wir mögen oder nicht mögen und beachten oder nicht beachten können. Die modernen Neurowissenschaften haben erkannt, dass die Qualität unserer Beziehungserfahrungen und unser Lebensstil in den biologischen und genetischen Strukturen unseres Körpers ihre »Fingerabdrücke« hinterlassen. Alles, was wir in irgendeiner Weise erfahren, hinterlässt seine Spuren, sagt der Psychiater Joachim Bauer: »Positive oder schmerzliche Vorerfahrungen lösen sich nicht ›in Luft‹ auf, sondern addieren sich zu gespeicherten Gedächtnisinhalten in Nervenzell-Netzwerken.«

Können wir diese gespeicherte Ladung nicht auch als Samen bezeichnen? Noch ruht er, sozusagen als geballte Möglichkeit, als ein geladener Kern der Potenzialität, noch nicht aktiviert in einem Bereich, der unserem Ich-Bewusstsein nicht zugänglich ist. Was nun aktiviert diese Ladung, was »gießt« den Samen? Es ist eine Erfahrung, die dem gespeicherten Inhalt gleicht, oder vielmehr: eine Erfahrung, die wir als gleich *bewerten*. Joachim Bauer: »Die Bewertung neuer Situationen durch das Gehirn erfolgt durch einen in Sekundenbruchteilen vollzogenen Abgleich der aktuellen Lage mit abgespeicherten Erinnerungen an ähnliche Situationen. Eine Bewertung als Gefahr ergibt sich dann, wenn die aktuelle Situation eine Erinnerung an eine frühere Situation wachruft, in der ungute Erfahrungen gemacht wurden.«

Wir sind als Kind von einem Hund gebissen worden, und sobald jetzt ein Hund auf uns zuläuft, signalisiert unser Gehirn Alarm: Blitzschnell wird die Erinnerung an den Biss aktiviert, und unser Körper erstarrt, das Herz rast. Aber vielleicht will uns dieser Hund nur freudig begrüßen? Wenn wir als Kind von unseren Bezugspersonen verlassen wurden, löst vielleicht jede noch so kurzzeitige Trennung von unserem Partner Panik aus. Aber *dieser* Mensch will sich möglicherweise nur ein wenig die Beine vertreten, einen kleinen Ausflug für sich unternehmen.

Nehmen wir an, durch die Umstände unseres Lebens und durch unsere eigene Unwissenheit sind Samen zu ausgewachsenen Pflanzen geworden, die wir nicht unbedingt in unserem Garten haben wollen. In einem konkreten Garten werden wir das Unkraut ausrupfen, aber das Unkraut in unserem Geist – beispielsweise Wut, Neid, Eifersucht, Stolz und vielfältige Ängste – können wir nicht einfach entfernen. Für den Umgang mit solchen nicht heilsamen Geisteszuständen gibt es zwei Möglichkeiten. Die erste Möglichkeit sind die Fünf Schritte:

1. *Erkennen.* Wir geben zu, dass da ein Gefühl ist, das uns beunruhigt; wir behaupten nicht, da wäre nichts, und wir laufen nicht davon, wenn wir es bemerkt haben. Wir lauschen in uns hinein und finden heraus, was für ein Gefühl das ist, und benennen es: Ich habe Angst.

2. *Annehmen.* Wir akzeptieren die schlichte Tatsache, in diesem Moment ängstlich zu sein.

3. *Umarmen.* Wir nehmen unser ängstliches inneres Kind in den Arm, um es zu beruhigen, mit anderen Worten: Wir wollen die Angst nicht loswerden, wir ignorieren sie nicht und diskutieren sie nicht hinweg, sondern schließen sie ein in die Ganzheit dessen, was wir in diesem Augenblick sind.

4. *Tief schauen.* Wir finden heraus, warum wir Angst haben, wovor und was die Angst ausgelöst hat. Die Lehre des Buddha vom bedingten Entstehen erklärt uns, dass nichts aus sich selbst heraus existiert. Unsere Angst hat also Gründe, wurde von irgendetwas genährt, und um sie zu beenden, wollen wir diese Gründe herausfinden.

5. *Verstehen.* Jetzt verstehen wir, wie die Angst entstanden ist, und können uns überlegen, wie wir sie beruhigen wollen.

Wenn wir die Fünf Schritte eine Weile praktiziert haben, werden wir allerdings bemerken, dass unsere Geisteszustände sich unablässig verändern. In einem Moment sind wir freudig und voller Zuversicht, im nächsten fühlen wir uns ängstlich, unsicher, traurig, werden wütend, neidisch und eifersüchtig. Unsere Eifersucht kommt uns allmählich vor wie eine alte Bekannte, die wir aus der Ferne grüßen (»Ach, da bist du ja wieder, meine Eifersucht. Immer noch eifrig an der Arbeit?«), aber wir werden uns hüten, sie zu uns nach Hause einzuladen. In einem so ungastlichen Geist wird sie sich nicht lange aufhalten wollen, und wir wünschen ihr von Herzen gute Reise, wenn sie sich umdreht und geht.

Das ist der Moment, in dem wir bereit sind für die zweite Art, unseren geistigen Garten zu bestellen: Wir gießen nur das, was wir in ihm haben wollen – die Freude, den Frieden, die Gelassenheit, die Kraft, das Unterscheidungsvermögen, die Sanftheit. Wenn unsere heilsamen Geisteszustände groß und stark geworden sind, verkümmern die unheilsamen ganz von selbst.

Einen Garten zu pflegen ist Arbeit. Vor der Ernte steht die Disziplin: Umgraben, Säen, Gießen, Düngen, Zupfen und in der Abenddämmerung die Schnecken von den Blättern lesen und sie im Eimer zum Waldrand tragen.

Den Garten unseres Geistes zu bestellen verlangt ebenfalls Disziplin.

Wir werden uns also nicht nur dann auf unser Kissen setzen, wenn wir gerade Lust dazu haben, sondern in unserem Tagesablauf einen festen Zeitpunkt für das Sitzen einplanen, den wir – komme, was wolle – jeden Tag einhalten. Wir werden nicht nur für Menschen, die wir mögen, sondern für jeden

Menschen in jedem Moment unsere Worte so wählen, dass sie ihn nicht verletzen. Wir werden unsere Füße in jedem Augenblick achtsam auf den Boden setzen, und nicht nur dann, wenn wir gerade einen Spaziergang machen. Unsere Disziplin entspringt unserer Einsicht: Wir haben erkannt, dass die Übung der Achtsamkeit das menschliche Leiden auf allen Ebenen vermindern kann. Es ist unser eigener Herzenswunsch, uns dieser Übung zu widmen.

Wenn wir dagegen einem Lehrer oder einer Lehre gehorchen, haben wir den Kontakt zu diesem Herzenswunsch verloren.

Gehorsam und Disziplin sind nicht dasselbe

Ich saß also mit meinen schmerzenden Knien und der triefenden Nase im Zendo und fühlte mich sehr heroisch. Mein Lehrer hatte mir erklärt, in Japan sei ein Zendo noch viel kälter. Und auch ihm würden selbst nach fünfzehn Jahren Praxis noch die Knie wehtun, das sei eben das Zen. Meine Gesundheitsprobleme waren also nicht die Folge meiner von Kindheit an besonders zarten Konstitution, sondern im Gegenteil der Beweis für die Richtigkeit meiner Praxis: Sie waren geradezu das Zen selbst. Ich begann, abends noch ein wenig länger zu sitzen (im *vollen* Lotossitz und nicht nur im halben) und meldete mich zu diversen Extraarbeiten, um endlich diesen ständig klagenden Körper in den Griff zu bekommen.

Ich war sehr erfolgreich darin, das »gute Mädchen« zu sein. Hatte Rückenschmerzen, war voller Angst, etwas falsch zu machen, wurde gelobt für meine Praxis, war stolz auf das Lob – und hatte, ohne es zu merken, schon längst den Kontakt mit der Praxis verloren. Denn die äußere Form der Schulung ist nichts als ein Gefäß, das uns hält, während wir unsere

Achtsamkeit auf die inneren Prozesse richten. Wenn die Tagesstruktur vorgegeben ist, der Zeitplan für mich erstellt wird und jemand die Glocke für mich läutet, brauche ich mich um diese äußerlichen Dinge nicht zu kümmern und bin frei, meine Praxis zu vertiefen.

Aber die Form ist nicht der Gehalt – sie ist nur eine der Bedingungen für fruchtbare Praxis. Und perfekt sein zu wollen in einer äußeren Form ist Gehorsam, und Gehorsam ist das Gegenteil von Achtsamkeit.

Gerade wir Deutschen scheinen in Gefahr zu sein, die Anweisungen des Zen als Aufforderung zum Gehorchen zu betrachten. Das Nachkriegsdeutschland, in dem ich aufgewachsen bin, war durchsetzt von der Angst, aufzufallen und »etwas falsch zu machen«. Die Prägung durch das nationalsozialistische System wirkte noch bis in die winzigsten Alltagsfragen hinein. *Man* sprach über gewisse Themen nicht. *Man* kleidete sich *vorschriftsmäßig* und fragte nicht, wer diese Vorschrift aufgestellt hatte. Im Jahr 1956 entfesselte ich in der Grundschule einen mittleren Skandal, weil ich als erstes Mädchen in Blue Jeans erschien: Ein Mädchen hatte Kleider zu tragen, den Mund zu halten und ihren Lehrern dankbar zu sein. Aus der buddhistischen Psychologie mit ihrem Bild der begossenen Samen wissen wir, wie tief solche Prägungen über viele Generationen hinweg weiterwirken, wenn wir sie nicht erkennen und transformieren.

Deshalb halte ich es nicht für Zufall, dass ich in deutschen Praxiszentren so viele Menschen meiner Generation sehe, die den Lotossitz besser beherrschen als ihre asiatischen Mitschüler. Wir halten unsere Ellenbogen krampfhaft vom Körper abgewinkelt, »weil der Lehrer das so haben will«. Wir rezitieren jeden Morgen das Herz-Sutra auf Sanskrit, »weil das in unserer Schule so üblich ist«. An all diesen Übungen ist natürlich nichts Falsches, wenn wir uns mit ihnen wohlfühlen und sie unsere Praxis unterstützen. Aber wenn wir sie nur durchführen, um einer äußeren Autorität zu gehorchen, verlieren wir allmählich den Kontakt zu unserem Körper und unserem Geist. Wir verlieren unsere Motivation, die uns einst zur Praxis des Zen gebracht hat.

Es ist ein geistiges Gesetz, dass ein Extrem immer seinen Gegenpol aktiviert, und dies ist einer der Gründe, weshalb der Weg des Buddha der Mittlere Weg ist, der Weg, der die Extreme in sich vereint zu einem heilsamen Dritten. So gab es als Antwort auf die nie gestellten Fragen in der Nachkriegszeit die Achtundsechziger-Bewegung mit ihrer Demontage jeglicher Autorität. Und als Gegenpol zu den Gehorsamen gibt es in deutschen Praxiszentren und Sanghas manchmal Rebellen, wie ich sie in dieser Heftigkeit weder in amerikanischen, italienischen noch polnischen Sanghas gefunden habe.

Diese Schüler kommen grundsätzlich zu spät, ignorieren die Schweigezeiten, erscheinen nicht zur Arbeitsmeditation, kritisieren ihre Lehrer vor der ganzen Gemeinschaft und verlassen empört die Schule, wenn jemand sie auf ihre mangelnde Disziplin hinweist. Sie wären noch viel empörter, würde ihnen jemand sagen, dass auch sie in der Vorstellung des Gehorchenmüssens gefangen sind, wenn sie meinen, den Gehorsam verweigern zu müssen. Kollektiv gesehen ist ihr Neinsagen nur die Reaktion auf das Ja des blinden Gehorsams, das ihre Vorfahren in das Bewusstsein dieses Landes gepflanzt haben. In unserer Praxis geht es nicht darum, die Weisheit unserer Lehrer zu missachten. Es geht vielmehr darum, die volle Verantwortung für unser Leben zu übernehmen. Und das ist durchaus nicht so bequem, wie es der blinde Gehorsam oder die ebenso blinde Ablehnung sein können.

Senzaki Nyogen, einer der ersten Zen-Lehrer, die das Zen in den Westen brachten, sagte: »Buddhismus unterstützt die Unabhängigkeit des Denkens. Buddha begründete eine

Religion, die das freie Denken ermutigt, anstatt den Geist dazu zu zwingen, sich innerhalb eines eng begrenzten Glaubensbekenntnisses zu tummeln.« Glauben, in diesem engen Sinn, und Gehorchen haben viel gemeinsam: Es fehlt ihnen die *Erfahrung* dessen, was ist. Die Praxis der Achtsamkeit hat nichts mit Glauben zu tun. Wir brauchen keinen Glauben, wenn wir wissen, wie wir selbst sehen können, hören können, wissen können. Wer aber – eigensinnig, neugierig und leidenschaftlich – auf seiner eigenen Erfahrung beharrt, wird niemals die Verantwortung für sich an andere abgeben.

Als ich mit meiner Zen-Praxis begann, kannte ich die Geschichte von Mönch Sona noch nicht. Es hätte mich entlastet zu hören, dass es der Buddha höchstpersönlich war, der Sona den entscheidenden Hinweis für seine Praxis gab. Denn jeder Musiker begreift sofort, dass man sein Instrument nicht stimmen kann, indem man einem anderen Musiker beim Stimmen zusieht. Jedes Instrument ist einzigartig und will von Hand gestimmt werden. Und das immer und immer wieder aufs Neue.

Der Klang, den wir aussenden

Früher sang ich in Chören und kleinen Ensembles, und die Tage vor dem Auftritt waren für mich eine Herausforderung. Ich wusste, dass meine Stimme nur strahlen würde, wenn ich völlig mit mir im Einklang war. Jeder zur Auftrittsstunde nicht beigelegte Streit konnte meiner Stimme den Glanz nehmen, und wenn ich mir auch nur den geringsten negativen Gedanken erlaubte, verriet meine Stimme ihn sofort. Ich hatte den Eindruck, mich im Singen geradezu zu entblößen, und war erstaunt (und erleichtert), dass die meisten Menschen dies nicht bemerkten. So lernte ich im Singen etwas, das ich später in meiner buddhistischen Schulung als »Zähmung des Geistes« wiederfand.

Wir können den Klang der Menschen hören, auch wenn niemand den Mund aufmacht. Etwas in uns weiß, ob sie im Einklang mit sich selbst sind oder »verstimmt«. Thich Nhât Hanh sagte einmal in einem Retreat: »Wenn wir praktizieren, reinigt jede Zelle sich selbst, und der Klang, den wir aussenden, wird immer feiner.«

Wir selbst sind unser Instrument und müssen lernen, uns zu stimmen. Wenn wir zu schlaff sind, sollten wir also die »Saiten« etwas anziehen. Dann entschließen wir uns vielleicht, ein einwöchiges Retreat zu besuchen, um unsere Disziplin zu stärken. Und auf diesem Retreat folgen wir der vorgegebenen Struktur ohne Wenn und Aber und stehen nicht etwa mitten in der Sitzrunde auf, um einen Spaziergang im Garten zu machen. Unsere Motivation ist klar, und wir halten sie fest: Disziplin stärken.

Aber vielleicht haben wir gerade drei Retreats hinter uns und leiden schmerzhaft unter der Unvollkommenheit unserer Familienmitglieder, die nicht wie die Retreat-Teilnehmer beim Essen den Mund halten, und trotz unserer strengen Vorhaltungen werfen sie ihre Mäntel munter auf den Boden. Brauchen wir in einem solchen Moment wirklich ein weiteres Retreat, oder können wir unsere hoffentlich gestärkte Gelassenheit und Freude unserer Familie widmen, indem wir vielleicht gemeinsam einen Ausflug machen – und uns ganz nebenbei daran erinnern, dass wir nicht die »besseren Menschen« sind, nur weil wir Retreats besuchen. Die Antwort auf solche Fragen können nur wir selbst geben, und wenn wir unseren Körper-Geist noch nicht gut genug kennen, helfen uns vielleicht die Fragen des Abraham Maslow weiter. Werde ich krank (faul, mürrisch, lustlos, wütend, kraftlos, deprimiert), wenn ich jetzt nicht …?

Wir kennen die Antwort – immer. Wir wissen genau, was wir brauchen, wenn wir nur auf die leise, innere Stimme hören. Aber manchmal wollen wir sie nicht hören, denn sie fordert uns dazu auf, unsere eigenen Entscheidungen zu treffen und dann zu ihnen zu stehen. Auch wenn die Familie protestiert oder der Zen-Meister die Stirn runzelt. Vergessen wir nicht: Zen zielt auf die absolute Befreiung. Wenn wir schon in alltäglichen Fragen die Verantwortung für uns selbst an andere abgeben, werden wir in unserer Praxis keine großen Fortschritte machen.

Das Juni-Retreat 2002 in Plum Village ist beendet. 600 Menschen fahren – alle auf einmal – nach Hause. Aufregung über Kofferbergen, Rufe, Umarmungen. Gegen 17 Uhr bin ich nahezu allein im Upper Hamlet; um 22.30 Uhr werde ich in Libourne den Nachtzug nach Lyon besteigen. Stille liegt über dem Gelände, die Steinhäuser scheinen aufzuatmen, die Wiesen und Teiche kommen zu sich. Ein paar Novizen spielen am Waldrand Fußball. Ich liege in der Hängematte, den tiefblauen südfranzösischen Himmel über mir. Auf einmal wehen die Klänge einer Sonate von Chopin herüber, gespielt auf einem ziemlich verstimmten Klavier. Ein Pianist in Plum Village?

Ich stehe, verborgen hinter der geöffneten Tür, auf der Schwelle zum Speisesaal. Der junge Mönch bemerkt mich nicht. Er neigt den geschorenen Kopf über die Tasten, seine Hände finden mühelos die Melodie, die er lange geübt haben muss, damals, in seinem anderen Leben. Bevor er der Praxis des Buddha begegnete, die er als Künstler lieben musste. Bevor er den Entschluss fasste, sein Leben selbst als Musik zu betrachten und sich als das Instrument, durch das sie erklingt.

Über die Scham

Die Geschichte von Sunita, dem Unberührbaren

Eines Morgens war der Buddha mit seinen Mönchen in der Nähe des Ganges unterwegs, um Almosen zu sammeln. Da kam ihnen Sunita entgegen, einer aus der Kaste der Unberührbaren, in den Händen Eimer mit den nächtlichen Fäkalien, die er entsorgen wollte. Sunita verließ hastig den Weg und wandte sich zum Fluss, um die Mönche nicht mit seinem Gestank und seinen schmutzigen Kleidern zu belästigen. Doch der Buddha und zwei seiner Jünger folgten ihm. Sunita suchte nach einem Ort, an dem er sich verstecken konnte, aber der Buddha war schon ganz nahe, und so watete Sunita in den Fluss, so weit es ihm bei der Strömung möglich war. Der Buddha rief: »Mein Freund, bitte komm näher, damit wir uns unterhalten können.«

Sunita sagte: »Das kann ich nicht. Ich bin ein Unberührbarer und möchte dich und die Mönche nicht beschmutzen.«

Der Buddha erwiderte ruhig: »Du bist ein Mensch wie wir auch. Wir haben keine Angst, von dir verunreinigt zu werden. Nur Gier, Hass und Verblendung können uns beschmutzen. Sunita, möchtest du ein Mönch werden?«

Sunita konnte kaum glauben, was er gehört hatte. Noch nie hatte jemand so freundlich mit ihm gesprochen. Er sagte: »Wenn du mich als Schüler annehmen willst, gelobe ich, mich mit aller Kraft der Übung hinzugeben.«

So badeten der Buddha und Shariputra den zukünftigen Mönch im Ganges, legten ihm eine saubere safrangelbe Robe an und ordinierten ihn auf der Stelle.

Die Nachricht, dass der Buddha einen Unberührbaren ordiniert hatte, verbreitete sich in Windeseile. Besonders Mitglieder der höheren Kasten waren empört über diese Traditionsverletzung; einige bezichtigten den Buddha, einen Umsturz zu planen, um die existierende Ordnung zu zerstören. König Pasenadi wurde von einer Gruppe religiöser Führer aufgesucht, die ihm ihre ernsten Sorgen über das Geschehen unterbreiteten. So machte König Pasenadi sich auf, um mit dem Buddha zu sprechen.

Als er das Klostergelände betrat, sah er einen Bhikkhu, der unter einem Baum eine kleine Gruppe von Mönchen und Laien belehrte. Dem König gefiel das offene, ruhige Gesicht des Mönches, und was er hörte, berührte ihn. Als er dem Buddha gegenübersaß, fragte er ihn, wer dieser Mönch gewesen sei. Der Buddha sagte: »Das war Sunita. Einst war er ein Unberührbarer, der den nächtlichen Unrat beseitigte.«

Da begriff König Pasenadi, warum der Buddha einen Unberührbaren ordiniert hatte. Der Buddha sagte zu ihm: »Majestät, dem Auge eines Erleuchteten sind alle Menschen gleich. Wir müssen einen Weg finden, der alle Menschen in die Lage versetzt, ihr volles Potenzial zu verwirklichen.«

Jeder ist Sunita

Ein junger Mann geht seiner Arbeit nach. Sie ist nicht angenehm, sehr schlecht bezahlt, und statt Anerkennung bringt sie ihm Verachtung ein. Und gerade die Menschen, die von seiner Arbeit profitieren, verachten ihn am meisten. Ein junger Mann des Westens, der in solch einer absurden Situation länger als ein paar Wochen ausharren würde, müsste wohl als masochistisch bezeichnet werden. Wir würden von ihm erwarten, dass er seine Lage anschaut, die Konsequenzen daraus zieht und sich schleunigst nach einer anderen Arbeit umsieht.

Diesem jungen Mann aber kommt solch ein Gedanke nicht. Er tut, was seine Vorfahren getan haben, was er selbst immer getan hat und vermutlich immer tun wird. Er sammelt die Fäkalien der Menschen und trägt seine Eimer jeden Morgen auf demselben Weg entlang, vom Dorfrand zum Ufer des Ganges, wo er die Eimer an der einen, ihm seit Jahren vertrauten Stelle in den Fluss entleert. Denn er ist ein Inder aus der Kaste der Unberührbaren; die Kaste bestimmt sein Schicksal, aus ihr wird er nie ausbrechen können.

Was geht uns mitten im modernen Westen diese Geschichte an? Erschreckt es uns zu hören, dass jede und jeder von uns einen Sunita in sich hat und gerade deshalb – denn es gibt keine Trennung zwischen Innen und Außen – jederzeit in Gefahr ist, aus einem Mitmenschen einen Sunita zu machen? Unser Kastensystem ist sehr verborgen, und deshalb ist es besonders wirksam.

In der ersten Grundschulklasse hatte ich eine Lehrerin, die ihre Sympathien auf ihre eigene Weise zu verteilen pflegte. Ich kam schnell dahinter, was ihr an Kindern imponierte: Es war der Beruf des Vaters. (Mütter hatten zu jener Zeit keinen Beruf zu haben.) Mit der unheimlichen Genauigkeit meiner sechs Jahre sah ich, dass jemand mit einem Arzt-Vater oder Lehrer-Vater sich mehr herausnehmen durfte als der Sohn einer alleinerziehenden Mutter – und dass diese Kinder sehr wohl um ihr soziales Privileg wussten. Später auf dem Gymnasium der Englischen Fräulein war es die Religionszugehörigkeit, und ich habe einmal bittere Tränen geweint, als die einzige Eins in Deutsch, die in der Klasse vergeben werden sollte (denn die Anzahl wurde vorher festgelegt), mir entzogen wurde, weil ich das Pech hatte, nicht katholisch zu sein. Über diese mich empörenden Ungerechtigkeiten wurde in naiver Offenheit gesprochen; es schien für alle Beteiligten selbstverständlich zu sein, dass es höhere und niedrigere Berufe und richtige und falsche Religionen gab.

Eine Kaste aber ist nichts von einem Gott Gegebenes: Wir selbst erschaffen sie durch unser Denken, Urteilen, Vergleichen. Solch ein Kastensystem ist sehr praktisch, solange sich alle Mitglieder an die ungeschriebenen Gesetze halten und ihren Platz nicht infrage stellen. Dann sind die Aufgaben klar verteilt; man weiß genau, woran man ist, was man von wem erwarten kann, und vor allem: Man weiß, wer den Dreck wegräumt.

Nachdem Sunita ordiniert worden war, seien, so heißt es, die Mitglieder der höheren Kasten empört gewesen über die Traditionsverletzung. Vermutlich haben sie sich besorgt gefragt, ob sie am Ende in Zukunft selbst die Abfalleimer leeren müssten. Auf eine Tradition berufen sich immer gerne die, die von ihr am meisten profitieren. Heute wären wir wahrscheinlich nicht empört, wir würden Sunita interviewen: »Vom Unberührbaren zum Mönch«, das ist fast so eine gute Story wie »Vom Tellerwäscher zum Millionär«. Sunita hätte in den Augen der Gesellschaft nur die Kaste gewechselt, hätte eine neue Rolle mit neuen Verhaltensmustern angenommen.

Das Zen aber interessiert sich nicht für Rollen und Kasten. Die entscheidende Frage ist: Können wir einen Menschen wirklich *sehen* – in seinem wahren Wesen sehen, jenseits seiner Verhaltensmuster? Können wir die Person, die wir vor uns haben, mit unserer ganzen Achtsamkeit umfangen, sie einhüllen in unser Lauschen, Schauen und Spüren, ohne dass wir das Wahrgenommene kommentieren, beurteilen und einordnen müssten?

An einem frühen Morgen vor mehr als 2500 Jahren sah der Buddha einen jungen Mann auf sich zukommen. Er sah eine schmutzige, zerfetzte Hose, ein durchlöchertes Hemd und in jeder Hand einen Eimer. Er sah ein schmales Gesicht: Ein wenig zu schmal vielleicht für das Alter, was auf mangelnde Ernährung hinwies, aber die Augen waren weich, der Blick war klar. Aus den Eimern roch es streng. Der Buddha interessierte sich nicht für den Schmutz und den Geruch. Er sah durch die Hülle hindurch in das Herz von Sunita und erkannte ihn.

Sehnen wir uns nicht alle nach einem Blick, der uns in der Tiefe wahrnimmt? Der die Rollen, die wir spielen, unsere zahlreichen Verkleidungen und Posen einfach nicht zur Kenntnis nimmt, sondern in unseren Augen den erkennt, der wir wirklich sind? Der unsere tief verborgenen Wunden, aber auch die Zärtlichkeit, unsere Liebe zum Leben und die vielleicht seit Langem verschüttete Freude sieht und durch sein Sehen bestätigt und neu erschafft? Ein Blick, der uns sagt: Genau so, wie du bist, bist du in Ordnung. Du brauchst dich nicht zu verstellen, zu verkleiden oder zu verstecken; du brauchst dich nicht zu verändern oder zu verbiegen, um mir zu gefallen. Du bist willkommen, wie du bist, und genau so wirst du von der Welt gebraucht.

Der Unberührbare wird von einem erleuchteten Blick berührt und darf sich zeigen als der, der er wirklich ist. Und das gilt für alles, was wir für unberührbar halten: Wird es mit Achtsamkeit berührt und willkommen geheißen, braucht es sich nicht mehr zu verstecken. Denn wir alle haben einen Sunita in uns, der sich für irgendetwas schämt und schleunigst ausweicht, wenn sich das Licht des Gewahrseins auf ihn richtet.

Das Unberührbare in uns

Als Sunita den Buddha und seine Mönche näher kommen sah, verließ er hastig den Weg, um die Mönche nicht zu beschmutzen. Die safranfarbenen Roben leuchteten in der Morgensonne, und Sunita, von dem Anblick der Reinheit und des Farbenreichtums geblendet, schämte sich auf einmal für seine schmutzige, zerrissene Kleidung und den Geruch, der ihm seit Jahr und Tag anhaftete wie eine zweite Haut. Unter den Menschen seiner eigenen Kaste, mit denen er bis dahin sein Leben verbracht hatte, waren ihm Schmutz und Geruch gar nicht aufgefallen. Aber hier, in dieser morgendlichen Stunde am Ganges beim Anblick der leuchtenden Roben, sah er es: Er, Sunita, war schmutzig und stank.

Scham entsteht, wenn wir uns mit anderen vergleichen oder verglichen werden und dem Vergleich scheinbar nicht standhalten. Es sind die Vorzüge eines anderen, seine Talente, seine Schönheit, aber auch sein abschätziger Blick und seine herabsetzenden Bemerkungen, die Scham in uns erwecken. Diese Scham vergeht nicht; sie nistet sich ein im Verborgenen, tief in unseren Herzen. Ein Kind, das noch selbstvergessen in seiner eigenen Welt lebt, mit sich selbst als Mittelpunkt, kennt keine Scham. Sie entsteht erst im Spiegel der Augen der anderen. Um Scham zu identifizieren, ist es wichtig, sie vom Schuldgefühl abzugrenzen, das sich sehr ähnlich anfühlen kann.

Nach der psychologischen Literatur entsteht ein Schuldgefühl, wenn wir etwas Falsches *getan* haben, während Schamgefühl entsteht, wenn wir glauben, unwürdig zu *sein*. Die amerikanische Traumatherapeutin Jane Middelton-Moz nennt als wesentlichen Unterschied zwischen Schuldgefühl und Schamgefühl die Art der Befürchtung, die wir haben, wenn wir beispielsweise die kostbare Vase unserer Freundin zerbrochen haben. Der Mensch mit Schuldgefühl befürchtet Ärger, vielleicht auch Strafe, jener mit Schamgefühl aber befürchtet Zurückweisung und Verlassenwerden. In der Scham also wird die ganze Person infrage gestellt, nicht nur eine einzelne von ihr begangene Handlung.

Scham entsteht zumeist schon in der Kindheit, in, wie Jane Middelton-Moz es nennt, »beschämenden Familien«. In solchen Familien werden Kinder nicht für ihre unrechten

Handlungen getadelt (»Ich will nicht, dass du ohne zu fragen Geld aus meinem Geldbeutel nimmst«), sondern als die Persönlichkeiten, die sie sind, abgelehnt (»Du hast gestohlen, du bist ein böser Junge«). Wenn bei jedem Fehler, den ich mache, sofort meine ganze Existenz infrage gestellt wird, entwickle ich im Lauf der Zeit ein Gefühl von Hoffnungslosigkeit: Da ich unwürdig *bin*, kann ich nichts tun, um Situationen zum Guten zu wenden. Aus dieser Beschämung, sagt Jane Middelton-Moz, kann sich wiederum ein permanentes, alle Lebensbereiche durchdringendes »schwächendes Schuldgefühl« entwickeln, das zum Beispiel manche Kinder aus Alkoholikerfamilien kennen. Solche Menschen fühlen sich selbst dann schuldig, wenn ihnen jemand anderes etwas angetan hat.

In unserer Gesellschaft gibt es viele Menschen, die als Kinder beschämt wurden. Sie haben ihr Schamgefühl vielleicht seit Jahrzehnten tief in sich begraben, und nie kämen sie auf den Gedanken, dass es überhaupt da ist. Nach außen hin wirken sie souverän; sie haben es gelernt, in Gesellschaft aufzutreten, tragen die jeweils angesagte Kleidung und verstehen es, Konversation zu machen. Aber tief innen fühlen sie sich merkwürdig verunsichert; sie wissen nicht, wer sie wirklich sind, ihnen fehlt das Gespür für sich selbst. Während sie sich scheinbar so gewandt in der Welt bewegen, suchen sie in den Augen der anderen die Bestätigung für ihr Dasein. Vielleicht müssen sie mehrmals am Tag von jemandem hören, dass sie geliebt werden, vielleicht ist die kleinste Kritik an ihrer Arbeit für sie schon eine Bedrohung. Sie kämpfen um Anerkennung und Respekt, als ginge es um ihr Leben (und in einem subtilen Sinn geht es tatsächlich um ihr Leben), oder ziehen sich verschreckt von der Gemeinschaft der Menschen zurück. Und immer häufiger fühlen sie sich müde, als würde ihre Kraft auf einem unsichtbaren Kampfplatz aufgebraucht.

Die Scham ist der Sunita in ihnen, das angeblich Unberührbare. Aber denken wir an den Buddha, der Sunita entgegengeht und ihm, als er ausweicht, folgt und ihn anspricht: »Mein Freund, bitte komm näher, damit wir uns unterhalten können.«

Können wir – aus unserer inneren Stille und Klarheit heraus, in Ruhe und mit Sanftheit – auf unsere Scham zugehen und sie bitten, sich zu zeigen, weil wir uns mit ihr unterhalten wollen? Können wir uns vorstellen, unserer Scham in die Augen zu sehen, ihr mitfühlend zuzuhören, sie nicht zu unterbrechen und keine Angst vor ihr zu haben? Was würde sie uns erzählen? Sie würde uns nichts Geringeres erzählen als den Grund für unsere Kämpfe, unsere Unsicherheit, unsere Kraftlosigkeit.

Wenn wir das Unberührbare berühren, erwacht es zum Leben. Das ist vielleicht im ersten Moment schmerzhaft, aber auf lange Sicht gesehen das Beste, was wir uns und anderen anbieten können. Und womit berühren wir es? Mit unserer Achtsamkeit, die zuhört ohne Vergleich, Kritik, Urteil, Meinung oder einer Überzeugung davon, wie die Dinge zu sein haben. Wenn es nichts gibt, womit verglichen werden kann, öffnet sich die Scham und zeigt, was in ihr die ganze Zeit eingeschlossen war: Vielleicht ist es eine weit zurückreichende Demütigung, die wir erfahren haben, oder etwas, das wir getan haben und jetzt bereuen. Scham erweist sich als die Hose mit den zu kurzen Beinen, für die ein kleiner Junge im Alter von acht Jahren von den Mitschülern ausgelacht wurde; sie ist die Verachtung, mit der ihr Vater sie behandelte, die eine Frau in ihrer Weiblichkeit verunsichert hat. Jetzt, in der Berührung durch unsere Achtsamkeit, dürfen sich die Bilder noch einmal zeigen. Wir schauen sie an, würdigen sie in ihrer ganzen Tragweite, atmen in sie hinein – und dann lassen wir sie gehen.

Scham entsteht durch Vergleich, und wir vergleichen uns mit anderen aus Unwissenheit: Wir wissen noch nicht um unsere Unvergleichlichkeit, die tief in unserem wahren Wesen ruht und darauf wartet, von uns entdeckt zu werden. Wenn uns dies gelungen ist, können wir »unser volles Potenzial« entfalten: unser Mitgefühl, unsere Wahrnehmungskraft, unseren Frieden, unsere tief innere Freiheit. Dann werden wir eine äußere Form finden, das Potenzial zum Wohle aller auszudrücken, sei es als Mönch, Lehrerin, Tänzer, Schreinerin oder Landwirt.

Der Fluss des Lebens

Sunita entschloss sich also, Mönch zu werden, und wurde, so erzählt die Legende, vor seiner Ordinierung vom Buddha eigenhändig gebadet. Das war auch ohne Zweifel nötig, aber wir befragen hier ja die Symbolik der Bilder, und deshalb sollten wir uns näher mit den in dieser Version der Geschichte auftauchenden Bildern von Wasser und Fluss befassen.

Wasser ist zugleich das Symbol für Reinigung und für Auflösung und damit ein Symbol für Wiedergeburt. Der christliche Taufritus stellt die »Wiedergeburt im Geist und in der Wahrheit« dar, und wir können uns unschwer vorstellen, wie frei und leicht sich Sunita fühlte, nachdem er – konkret und symbolisch – vom Buddha gebadet worden war. Er war »wie neu geboren«, in sein eigentliches, sein spirituelles Leben hinein. Das alte Leben mit seinem Schmutz und Gestank löste sich auf, als wäre es nie gewesen.

Als ich vor vielen Jahren an einem Ghat in Varanasi am Ufer des Ganges stand, war ich schockiert über die stinkende Brühe, in der die Inder ihre heiligen Waschungen verrichten. Offensichtlich haben sie eine gesunde Resistenz gegen alle Arten von Keimen entwickelt, und da dies kein Buch über Umweltschutz ist, will ich hier nicht die Ursachen der konkreten Verseuchung und ihre Folgen diskutieren. Aber wir sollten uns doch auf der symbolischen Ebene damit befassen, womit wir den Fluss des Lebens manchmal verunreinigen. Sunita kippte jeden Morgen die nächtlichen Fäkalien in den Fluss, seit Jahr und Tag, wie sein Vater und dessen Vater zuvor. Fraglos und ohne über sein Tun nachzudenken, und so erschuf er eine machtvolle, gewohnheitsmäßige Energie, die ihn irgendwann wie von selbst zum Fluss zu tragen schien. Sein eigenes, unablässig wiederholtes Tun hatte eine Spur in seinen Geist geprägt, auf der er sich fortan zwingend weiterbewegte.

Welche Gedanken also denken wir immer wieder, bis sie zu einer Überzeugung werden? Welche Handlung begehen wir so oft, dass sie sich zu einer automatischen Reaktion verdichtet? Ich kenne zum Beispiel eine Frau, die grundsätzlich widerspricht. Egal, wovon die Rede ist: Sie ist anderer Meinung. Sie ist sogar so konsequent, sich selbst zu widersprechen; man braucht ihr nur zwei gegensätzliche Standpunkte hintereinander darzulegen, sie wird gegen beide sein. Wir kennen sicher auch alle die notorischen Zweifler, die grundsätzlich Misstrauischen, die vor jeder Schwierigkeit Ausweichenden. Sie fahren in der Spur, die sie selbst in ihren Geist geprägt haben. Stoffliche Sucht ist immer gewohnheitsmäßige Energie, und Alkoholiker und Drogenabhängige zeigen uns, wie schwer es ist, sich von dieser Energie zu befreien und die Spur im Geist zu löschen.

Mit jeder automatischen Reaktion beschmutzen wir den Fluss des Lebens. Wir antworten nicht mehr spontan und authentisch auf das, was sich gerade abspielt. Wir fließen nicht mehr mit den Ereignissen, sondern ecken überall an. Widerstände der seltsamsten Art tun sich auf, die Welt scheint sich gegen uns verschworen zu haben. Wer immer Nein sagt, wird mit dem Ärger der anderen konfrontiert und fragt sich, warum die Leute sich nicht besser in der Gewalt haben. Der Ausweichende bekommt deutliche Briefe, die er für ungerecht und beleidigend hält, und die Misstrauische wundert sich, dass sie so allein ist.

Unser Geist ist also prägbar, und wenn wir uns das klarmachen, können wir wählen, womit wir ihn prägen wollen: mit Unheilsamem oder mit Heilsamem. Denn auch unser morgendliches stilles Sitzen, der Arbeitsbeginn um Punkt neun und die Haltung der Freundlichkeit den Menschen gegenüber prägt unseren Geist und erschafft gewohnheitsmäßige Energie. Solche hilfreichen Prägungen können sehr unterstützend wirken, wenn wir uns an die Arbeit machen, die unheilsamen Prägungen zu reduzieren.

Wasser in Form eines Flusses ist ein Symbol für das Leben; der Fluss fließt unaufhörlich und verändert sich dabei, wir können ihn nicht festhalten, so gern wir das manchmal auch täten, und deshalb sagte Heraklit: »Man kann nicht zweimal in denselben Fluss steigen.« Wenn Sunita die Lehre, die der Fluss ihm schenken konnte, verstanden hat, dann wusste er, welches sein wahres Zuhause ist: Nicht die Mönchsgemeinschaft, nicht die Hütten im Wald, nicht sein Lieblingsbruder und nicht einmal der Buddha selbst. Wenn er sein Zuhause in diesen vorübergehenden Formen des Lebens gesucht hätte, wäre er irgendwann enttäuscht worden, denn wir wissen ja, was geschah: Der Buddha starb, die Gemeinschaft zerstreute sich, ein Streit um die wahre Lehre begann. Aber ich denke, Sunita war klug. Er begriff, dass unser wahres Zuhause das Leben selbst ist, das sich, wie der Fluss, von Augenblick zu Augenblick verändert.

Falsche Anschuldigungen

Die Geschichte von der Leiche im Kloster

Eines Morgens, als der Buddha und seine Mönche gerade zum Almosengang aufbrechen wollten, erschienen mehrere Polizisten auf dem Gelände; sie hatten den Auftrag, nach der Leiche einer jungen Frau namens Sundari zu suchen, die einer großen Sekte angehörte. Die Mönche erinnerten sich, die junge Frau mehrmals in den Dharma-Vorträgen des Buddha gesehen zu haben, aber es war unvorstellbar für sie, dass die Tote auf dem Klostergelände zu finden sein sollte. Die Polizisten jedoch suchten weiter und fanden zur Überraschung aller die Leiche, die in einem Erdloch in der Nähe von Buddhas Hütte verscharrt war.

Die Mönche waren fassungslos; in kleinen Gruppen standen sie beieinander und diskutierten aufgeregt den unerhörten Fall. Als der Buddha dies bemerkte, schickte er sie auf den gewohnten Almosengang; eine Anweisung, der sich die Mönche in diesem Augenblick nur schwer fügen mochten.

Am Nachmittag trugen Mitglieder von Sundaris Sekte den Leichnam durch die Stadt und riefen den Menschen zu: »Seht es selbst: Die Mönche vom Jetavana-Kloster haben Sundari vergewaltigt, getötet und ihre Leiche verscharrt! All ihr Gerede von liebender Güte, Mitgefühl, Mitfreude und Gleichmut ist nichts als Heuchelei!«

Die Bewohner von Savatthi waren verunsichert, und selbst treue Anhänger des Buddha verloren ihr Vertrauen in ihn. Schon lange hatten sich einige Sekten durch den Buddha bedroht gefühlt; jetzt ergriffen sie die Gelegenheit, die Sangha öffentlich zu verdammen. Die Mönche wurden auf ihren Almosengängen zur Rede gestellt und beschimpft, und einige von ihnen schämten sich und hätten sich gerne im Kloster verkrochen.

Eines Nachmittags rief der Buddha seine Mönche zusammen und sagte: »Ungerechte Anschuldigungen kann es überall und zu jeder Zeit geben. Es gibt keinen Grund, dass ihr euch schämt. Diese falsche Anschuldigung wird eine Zeit lang kursieren, dann wird sie in Vergessenheit geraten. Wenn euch jemand zu der Sache befragt, gebt ihm diese einfache Antwort: ›Wer immer auch verantwortlich ist, wird die Früchte ernten!‹«

Ein paar gute Freunde des Buddha aber begannen, mit Unterstützung des Königshauses, den Fall heimlich zu untersuchen, und nach einer Woche waren die Mörder gefasst. Sie gestanden, von den Anführern der Sekte Sundaris angeheuert worden zu sein mit dem Auftrag, die Leiche in der Nähe der Hütte des Buddha zu verscharren. König Pasenadi teilte dem Buddha die Neuigkeit höchstpersönlich mit, und der Buddha bat ihn, den Verantwortlichen zu vergeben. Solche Verbrechen, sagte er, würden so lange geschehen, bis die Menschen gelernt hätten, Hass, Neid und Eifersucht zu überwinden.

Und die Bewohner von Savatthi begegneten den Mönchen des Buddha wieder mit Bewunderung und Ehrerbietung.

Die Größe und das Mittelmaß

Wir befinden uns in der Lebenszeit des Buddha, also etwa im Jahr 500 v. Chr. In den Städten und Dörfern Indiens haben sich seit Langem um einzelne Lehrer herum zahllose kleinere und größere religiöse Sekten gebildet; das entspricht der Tradition, niemand wundert sich über die Existenz dieser Gruppierungen oder stellt ihre Lehrer grundsätzlich infrage, auch wenn jeder von ihnen seine eigenen Lehren vertritt. Wer genau hinschaut, bemerkt allerdings, dass sich die Lehren in ihren Grundzügen gleichen. Man behält einander vermutlich im Auge, aber ernsthaft gefährdet ist keine der Gruppierungen; was sie am Leben hält, ist gerade ihre Gleichförmigkeit und Austauschbarkeit.

Und dann tritt einer in Erscheinung, der anders ist als alle und etwas lehrt, von dem man noch nie gehört hat. Alle Menschen leiden, sagt er, aber dieses Leiden habe Ursachen, die man erkennen könne, und wenn man die Ursachen kenne, könne man das Leiden beenden. Tollkühn, dieser Mann! Stellt die Lehren der ehrwürdigen Brahmanen, ohne dies ausdrücklich zu sagen, kurzerhand infrage. Kein Wort von Sünde bei ihm; er lehrt keine Gebete und offensichtlich gibt es in seiner Lehre nicht einmal jemanden, zu dem man beten könnte. Was wird der allmächtige Schöpfer des Weltalls davon halten? Und hat man nicht seit zahllosen Generationen gehört, dass die Stellung der Sterne das Leben beeinflusst? Dass rituelle Opferungen nötig seien, um die geheimnisvolle Ordnung im Kosmos herzustellen, und dass nur die Brahmanen-Priester dazu befugt und imstande seien? Dieser Fremde, der von seinen Anhängern »der Erwachte« genannt wird, weigert sich sogar, Geld, Besitztümer und Ehren für sich anzunehmen. Nicht er, behauptet er, führe die Menschen zum spirituellen Erwachen, sondern sie selbst könnten dies kraft ihrer eigenen Bemühung bewirken.

Und scharenweise verlassen Schüler ihre Lehrer, Männer ihre Familien, Kinder ihre Eltern, um sich dem neuen Lehrer anzuschließen. Die Sektenführer sind alarmiert. Dieser Fremde bedroht ihre kleine Welt, die sich als längst nicht so sicher und dauerhaft erweist, wie sie gedacht hatten. Muss man da nicht etwas unternehmen?

Die Geschichte von der Leiche im Kloster ist einem Sutra des Buddha entnommen; diese Lehrreden wurden nach dem

Tod des Erwachten von seinen Schülern niedergeschrieben. Während die Sutras in einigen buddhistischen Schulen eingehend studiert werden, führen sie im Zen eher eine Randexistenz. Ich begegnete ihnen deshalb auch erst nach etlichen Jahren meines Zen-Studiums. Es waren die Sutras, die mir die Zeit, den Ort und die Lebensgeschichte des Buddha erschlossen, und da verstand ich, warum Zen die Methoden einsetzt, die ich gelernt hatte. Buddhas Lehre war eine Antwort auf die Situation, die er vorfand und in die er selbst hineingeboren worden war. Dieser junge Prinz Siddhartha muss ein außerordentlich kluger Beobachter seiner Umgebung gewesen sein. Nicht einen Augenblick lässt er sich blenden von dem Glanz, der ihn im Palast seines Vaters umgibt. Er könnte sich in Seide und Brokat kleiden, die edelsten Speisen zu sich nehmen, seine Abende auf Festen in reizvollster Gesellschaft verbringen (und nichts anderes erwartet seine Umgebung von ihm). Er aber, begabt mit dem genauen Blick, sieht hinter die Dinge und beginnt, Fragen zu stellen. Haben nicht die Günstlinge seines Vaters ihre Position durch Intrigen erreicht, und nutzen sie diese nicht eher zu ihrem eigenen Wohl als zum Wohl des Landes? Wie viel Neid und Eifersucht ruft die Hierarchie am Hofe hervor, und ist sein Vater, der König, nicht im Grunde ein unfreier Mann, abhängig von zwielichtigen Beratern, umschmeichelt von Opportunisten, belogen von Intriganten? Arbeitet hier nicht jeder gegen jeden, um sich eigene Vorteile zu sichern?

Nicht anders sieht es außerhalb der Palastmauern aus. Die angeblich so wichtigen Rituale bei Todesfällen, Hochzeiten und Geburten lassen sich die Brahmanen teuer bezahlen; manch arme Familie hat sich dadurch schon hoch verschuldet oder gänzlich ruiniert. Und hat man je gesehen, dass all die Rituale, Gebete und Rezitationen wirklich etwas verändert haben? Immer noch sind die Menschen habgierig, neidisch und stolz, worunter sie selbst und ander[…] aber nimmt dies irgendjemand überhaupt […] Immer noch gibt es Krankheit und Armut, un[…] schen, die es noch gar nicht betrifft, fürchten sic[…] Es muss doch eine Heilung geben für dieses vielfäl[…] Wie sähe diese Heilung aus, was würde den Mensc[…] den und wahres Glück schenken?

Hier ist eine völlig neue Antwort nötig, eine noch nie […] wesene Antwort, die alles bislang Geglaubte infrage stellt.

Aus dem Prinzen Siddhartha wurde ein Buddha, weil e[…] unbequeme Fragen stellte. Weil er in die Tiefe sah und sich mit oberflächlichen Antworten nicht abspeisen ließ. Für jene, die von den bestehenden Verhältnissen profitieren, ist ein solcher Mensch bedrohlich. Er wird doch hoffentlich bald Ruhe geben mit seinen Einwänden? (Er hat noch nicht einmal angefangen, sie zu äußern!) Er wird doch nicht etwa das Bewährte, seit Langem Bestehende verändern wollen? (Allerdings, genau das hat er vor!) Unruhe kommt auf, der Schlaf einiger Leute wird schlechter. Es ist, als habe jemand einen Tümpel aufgerührt, und der ganze Schlamm steigt nach oben: Neid, Eifersucht, Wut und Angst.

Die Geschichte des Buddha ist in weiten Teilen eine Variante des archetypischen Kampfes zwischen der Größe und dem Mittelmaß. Das Mittelmaß (und hiermit meine ich nicht den heilsamen »Mittleren Weg« des Buddha) richtet sich im Gegebenen ein, sucht sich seine kleine Nische, in der es ungestört und möglichst bequem seine Tage genießen kann. Ich kenne Menschen, die ihre siebzig, achtzig Jahre auf diese Weise verbringen. Und wie ist das mit uns; haben nicht wir alle diese kleine Nische in uns, in der wir vor uns hin leben und hoffen, von nichts und niemandem belästigt zu werden?

Als Schriftstellerin sehe ich es seit dreißig Jahren als meine Aufgabe an, genau hinzusehen und hinzuhören und

ch habe schon einige Tümpel
n, war für mich nicht immer
n ziehe ich mich gerne in
en Wolken nach und plane
oder Vorleserin für alte
en Neid und keine Wut
in meiner Nische ver-
d oder etwas auf, der
gabe nicht im Netten und
höre ich das in solchen Momen-
che mir hundert Ausflüchte, um meine
erlassen zu müssen.

ittelmaß lebt es sich leichter. Wer nie herausragt aus
er Masse – sei es durch Leistung, Genauigkeit, Mut oder Ausstrahlung –, wird schlimmstenfalls nicht bemerkt, eckt aber auch nirgendwo an. Und ist nicht genau das der Grund, weshalb sich so viele Menschen in ihren Nischen eingerichtet haben? Wenn wir ehrlich sind, müssen wir zugeben, dass wir alle geliebt werden wollen. Wie schmerzhaft ist es doch, zurückgewiesen zu werden, weil wir etwas gesagt oder getan haben, das einem anderen nicht gefällt. Wollen wir diesen Liebesentzug wirklich riskieren, oder entschließen wir uns, unsere Wahrheit zurückzuhalten, um »niemanden zu verletzen«, wie wir uns und anderen gern versichern. Dass wir selbst dieser Jemand sind, den wir nicht verletzen wollen, geben wir natürlich ungern zu.

Thich Nhât Hanh pflegt zu sagen, wir sollten keine Buddhisten werden, sondern Buddhas. Ein schöner Satz, der uns in Entscheidungssituationen leiten kann. Denn natürlich werden wir nicht Buddha, indem wir uns zurückziehen und die wie auch immer geartete Wahrheit der Situation unter den Teppich kehren. Wir werden Buddha, indem wir genauestens hinsehen und hinhören und Fragen stellen, die sonst niemand stellt.

Und dann wird es aller Voraussicht nach für uns unangenehm.

Die Spiele der anderen

Wahrhaft große Menschen sind Spiegel: Wir sehen in ihren Augen unser eigenes Potenzial zur Größe – aber auch unsere Trägheit und Unwilligkeit, die uns bislang daran hinderten, es zu entfalten. Wie reagieren wir, wenn wir uns in diesem Spiegel betrachten? Fühlen wir uns inspiriert und ermutigt, oder haben wir den Impuls, den Spiegel zu vernichten?

Verleumdung ist eine besonders üble Art der Vernichtung, weil sie hinter unserem Rücken stattfindet. Da werden Worte ausgestreut wie Gift, und ebenso schleichend ist ihre Wirkung. Der Verleumdete – ahnungslos wie ein kleines Kind – fühlt sich auf einmal unwohl. Werfen ihm die Leute nicht plötzlich seltsame Blicke zu, hat nicht gestern einer die Straßenseite gewechselt, um ihn nicht grüßen zu müssen? Ist da nicht ein Unterton von Unverschämtheit in einem Gespräch mit Menschen, die man schon lange kennt? Wer den Mut hat nachzufragen, wird keine Antwort bekommen; Verleumdung wirkt nur, wo keine Offenheit herrscht. Aber gleichzeitig ist sie keine einseitige Sache; zum Verleumder gehört ein Zweiter, der ihm glaubt. Warum verloren selbst treue Anhänger des Buddha das Vertrauen in ihn, nur weil eine zwielichtige Sekte haarsträubende Behauptungen aufstellte? Hatten sie kein Zutrauen in ihr eigenes Urteil?

Diese Geschichte zeigt, wie wichtig es für den Frieden in der Welt ist, *selbst* zu sehen, *selbst* zu fühlen, *selbst* zu urteilen. Wenn wir dies nicht tun, sind wir in Gefahr, in die Spiele anderer Menschen hineingezogen zu werden, und solche Spiele werden immer gespielt, um die eigene Macht zu sichern. Zweifel entsteht aus Unsicherheit; ich weiß nicht, was da wirklich passiert ist oder wie der andere in seinem wahren Wesen ist. »Ich weiß nicht« könnte eine wunderbare Haltung sein: Sie macht uns offen, neugierig, interessiert. Ich brauche nicht zu urteilen, nur zu schauen, zu lauschen, zu spüren. Aus dem Nichtwissen entsteht ganz von selbst die Haltung der Achtsamkeit – aber wir halten das Nichtwissen selten aus. So füllen wir diese scheinbare Leere in uns mit irgendwelchen Urteilen über die Situation oder einen Menschen und haben wieder einmal die Wahrheit des Augenblicks verpasst.

Nun wäre diese Welt schon fast ein Paradies, wenn es keine üblen Nachreden mehr gäbe, aber es gibt sie, wie wir alle wissen. Genau genommen besteht jede Psychotherapie daraus, dass einer über einen anderen redet – schlecht natürlich, denn wenn er Gutes zu berichten hätte, wäre er nicht in Therapie. Die Haltung einer Therapeutin einzunehmen ist eine mögliche Antwort auf das Bedürfnis eines anderen, uns »ganz im Vertrauen« von den Verfehlungen eines Dritten zu erzählen. Eine Therapeutin hört erst einmal zu, mitfühlend und vorurteilslos, und nimmt das Gesagte als Ausdruck der jetzigen Befindlichkeit ihres Klienten entgegen. Sie vergisst allerdings nie, dass es sich hier um eine Information über den Klienten handelt und nicht um die absolute Wahrheit einer Situation. Wenn der Klient sich erleichtert und beruhigt hat, beginnt die eigentliche Arbeit: Die Therapeutin erforscht und befragt mit ihm zusammen seine eigenen Gefühle, die aus seiner eigenen Geschichte entstanden sind.

Die Praxis ist immer eine Praxis für uns selbst. Wie ungeschickt und unerleuchtet andere sich auch verhalten mögen: Entscheidend ist immer meine Reaktion darauf. Es gibt eine einfache Regel: Was uns an einem Menschen länger als eine Viertelstunde aufregt, hat mit uns selbst zu tun, nicht mit dem andern (es gibt Lehrer, die diese Zeitspanne sogar auf drei

Minuten begrenzen!). Der andere ist dann nur der Spiegel, in den wir geschaut und zu unserem Entsetzen uns selbst erblickt haben. Der Buddha wusste, was uns im Herzen bewegt, wenn wir einer anderen Person durch üble Nachrede schaden wollen: Hass, Neid, Eifersucht und Ärger.

Ist es tatsächlich so, dass falsche Anschuldigungen »eine Zeit lang kursieren und dann in Vergessenheit geraten«? Kennen wir nicht alle die Geschichten von Menschen, die aufgrund der Aussage intriganter Zeugen verurteilt wurden? Wissen wir nicht allzu gut, dass selbst dann, wenn ein Verdacht zweifelsfrei ausgeräumt ist, an dem betreffenden Menschen »etwas hängen bleibt«?

Ich habe für die Nacherzählung dieser Geschichte die Fassung von Thich Nhât Hanh gewählt, die er in »Wie Siddhartha zum Buddha wurde« erzählt, und wenn ich sie lese, höre ich zwischen den Zeilen seine eigene Erfahrung anklingen. Der Ausschluss aus zwei Klosterfamilien war ja nur der Auftakt für eine Serie von Verleumdungen, die ihn schließlich ins französische Exil zwangen. Er wurde als Kommunist und Staatsfeind bezeichnet; als er von Singapur aus eine große Rettungsaktion für die Boatpeople startete, wurde er zum Ärgernis der UN, und in den westlichen Medien wurde das Gerücht verbreitet, seine Helfer hätten sich finanziell an den Flüchtlingen bereichert. Thich Nhât Hanh pflegt uns immer wieder zu sagen, dass man auf Gewalt nie mit Gewalt antworten sollte und auf Verleumdungen nicht mit Verteidigung, denn früher oder später komme die Wahrheit ans Licht.

Im Winter 2005 betrat Thich Nhât Hanh mit seinen Mönchen und Nonnen nach achtunddreißig Jahren im Exil zum ersten Mal wieder vietnamesischen Boden. Er reiste als offizieller Gast und Lehrer durch sein Heimatland, und tausende Vietnamesen lauschten seinen Vorträgen, in denen er sie ermahnte, »Hass, Neid und Eifersucht zu überwinden«.

Der große buddhistische Gelehrte Shantideva nennt »den Feind« unseren wichtigsten Lehrer. Ohne einen Feind können wir uns nicht in Toleranz üben, und ohne Toleranz können wir keine solide Grundlage für Mitgefühl aufbauen. Toleranz, sagt Shantideva, sei die Wirkung, die ein Feind hervorrufen könne, und deshalb sei es geradezu notwendig, einen Feind zu haben. Und der Dalai Lama fasst die Anweisungen des Buddha an seine Mönche und Nonnen über die Toleranz so zusammen:

- Wenn Sie herumgeschubst werden, sollten Sie dennoch tolerant und geduldig sein.
- Wenn jemand Ihnen gegenüber zornig ist, sollten Sie darauf nicht mit Zorn reagieren.
- Wenn jemand Sie schlägt, sollten Sie nicht zurückschlagen.
- Wenn jemand Sie in eine peinliche Lage bringt und Sie beleidigt, sollten Sie sich nicht wehren.

Alles verändert sich unaufhörlich, Unbeständigkeit ist das einzig Beständige im Leben. Wir neigen dazu, dies als eine pessimistische Aussage anzusehen, und vergessen leicht, dass auch das Schmerzhafte, Schwierige, Traurige sich eines Tages ändern muss. Dies ist das Gesetz des Lebens, dem alles unterworfen ist. Aber nehmen wir nicht für gewöhnlich eine viel zu enge Perspektive ein? Wir wollen sofort und hier die Ergebnisse unserer Bemühungen sehen, und wenn sie nicht eintreffen, verlieren wir unser Vertrauen. Die Lebensgeschichte von Thich Nhât Hanh zeigt, dass wir viel Geduld brauchen, manchmal über große Zeiträume hinweg denken müssen und uns tatsächlich der Unbeständigkeit anvertrauen dürfen. Sie trägt uns wie der Fluss vielleicht über Stock und Stein, aber solange wir ihr keinen Widerstand entgegensetzen, können wir nicht untergehen.

»Wer immer auch verantwortlich ist, wird die Früchte ernten.« Zur Zeit des Buddha benutzten einige Sekten den Begriff »Sünde«, wobei die Sünden, die durch den Körper verursacht wurden, für manche schwerer wogen als solche, die durch Gedanken oder unheilsame Rede verursacht wurden. Der Buddha dagegen lehrte, dass der Geist grundlegend sei. Der Gedanke ist die Mutter unserer Taten, und mehr noch: Die Gedanken erzeugen Klänge und Farben, die auf unsere Umgebung heilsam oder unheilsam einwirken und andere für uns oder gegen uns einnehmen. Menschen, die medial begabt sind oder lange praktiziert haben, können solche Gedankenklänge und -farben mühelos wahrnehmen. Es ist eine noch viel zu wenig bekannte Tatsache, dass jeder Mensch sein wahres Sein und seine tiefsten Absichten unablässig ausstrahlt.

Und alles, was wir aussenden, wird zu uns zurückkehren. Einer meiner Zen-Lehrer erklärte das einmal so: »Es ist wie in einem Swimmingpool. Wenn wir das Wasser mit der Hand schieben, wird es irgendwann an den Beckenrand prallen und als Wellenbewegung zu uns zurückkommen. Diese Welle wird nicht dieselbe sein, die wir angeschoben haben, aber ihre Bewegung, die uns trifft, ist die Folge unserer ursprünglichen Tat.« Die buddhistischen Schulen haben diverse und zum Teil höchst komplizierte Karmalehren ausgearbeitet, aber das Zen in seiner pragmatischen Art hält sich nicht lange bei hübschen Gedankenspielen auf, sondern fordert uns auf, keine Wellen mehr zu erzeugen. Mit anderen Worten: Unsere Praxis so zu verfeinern, dass wir kein Karma mehr erschaffen.

Es ist vielleicht der wichtigste Teil der Achtsamkeits-Praxis, sich um die eigenen Gedanken und Absichten zu kümmern. Verbirgt sich da vielleicht irgendwo ein wenig Eifersucht, Neid oder gar Hass? Wenn wir uns nicht ständig auf diese Weise prüfen, haben wir möglicherweise irgendwann irgendwo eine Leiche liegen, die wir zu verantworten haben.

Aber natürlich sind wir alle keine Verleumder, wir sind die armen Opfer von Verleumdung! Unsere Gedanken sind heilsam, die der anderen Menschen leider unheilsam. Für uns, die wir unter der Welt so zu leiden haben, gibt es auch eine schöne Geschichte:

Die Geschichte von Hakuin und dem Baby

Zen-Meister Hakuin galt als jemand, der ein wahrhaft reines Leben führt. In der Nähe seiner Hütte wohnte eine schöne junge Frau, die eines Tages schwanger wurde. Die Eltern waren darüber entsetzt und drängten sie, den Namen des Vaters preiszugeben. Die junge Frau, die ihren Freund schützen wollte, nannte in ihrer Bedrängnis schließlich den Namen von Hakuin. Empört stellten die Eltern Hakuin zur Rede. Der hörte sich die Vorwürfe an, und alles, was er sagte, war: »Ach, tatsächlich?«

Als das Kind geboren war, gingen die Eltern voller Grimm zu Hakuins Hütte, übergaben ihm das Kind und verlangten, er solle seiner Verpflichtung nachkommen, für es zu sorgen. Hakuin hatte inzwischen seinen guten Ruf verloren und wurde von allen geächtet, aber er schien darüber völlig unbekümmert. Als das Kind in seiner Hütte lag, besorgte er Milch, kochte Brei und lernte, es zu wickeln und zu baden. Mann und Kind schien es prächtig zu gehen, sie hatten eine gute Zeit miteinander.

Die junge Mutter allerdings hatte eine schwere Zeit; ihr Gewissen ließ ihr keine Ruhe, und eines Tages gestand sie den Eltern die Wahrheit: Der Vater des Kindes war ein junger Mann, der auf dem Fischmarkt arbeitete.

Den Eltern war diese Enthüllung peinlich. Erneut zogen sie zu Hakuins Hütte und verlangten mit strengen Worten das Kind zurück, das er da unrechtmäßig an sich genommen habe. Hakuin hörte sich ihre Ausführungen kommentarlos an, händigte ihnen das Kind aus und sagte: »Ach, tatsächlich?«

Rechtsanwälte, Richter und Staatsanwälte in der westlichen Welt leben vorzüglich von unserer Unfähigkeit, »Ach, tatsächlich?« zu sagen, wenn uns jemand ein »Kind« unterschiebt. Dieses Kind kann eine uns in den Mund gelegte Behauptung sein oder das Gerücht über unsere zerrüttete Ehe, unseren geschäftlichen Bankrott, unsere Unfähigkeit in diesem und jenem. Wir verteidigen empört unseren guten Ruf, weil wir befürchten, durch das von der Gesellschaft gespannte Netz der Akzeptanz zu fallen. In der Tat haben wir recht mit unseren Befürchtungen, was die Reaktionen der Welt betrifft – aber nicht in der Sache, denn unsere westliche Gesellschaft beruht auf falschen Annahmen über ein paar grundlegende Tatsachen. Die falsche Überzeugung, die das meiste Unheil anrichtet, ist die von einem eigenständigen, vom Ganzen abgetrennten »Ich«, das es zu schützen und zu verteidigen gilt.

Es gibt zahlreiche Versionen der Geschichte von Hakuin und dem Baby; es gibt sogar eine, in der Hakuin von einem der christlichen Wüstenväter ersetzt wird. Aber in jeder taucht beiläufig die Bemerkung auf, Hakuin führe »ein reines Leben«. In diesen Worten, die leicht überlesen werden, liegt der Schlüssel zu der ganzen Geschichte. Was *ist* ein reines Leben?

Das Zen spricht von unserem ursprünglichen Geist als einem klaren Spiegel. Wenn der Spiegel keinen Staub angesetzt hat, spiegelt er das, was ist, genau so, wie es ist. Staub würde die Spiegelung verzerren, und »Staub« sind unsere Gedanken, Vorstellungen, Wünsche und Abneigungen. Ein reines Leben ist ein Leben als klarer Spiegel: Ein Wahrnehmen dessen, was ist, genau so, wie es ist, ohne es nach unseren

Vorstellungen umzubiegen. Ein reines Leben ist ein Leben, in dem es kein »Ich« als Bezugspunkt gibt.

Und so stand Hakuin vor seiner Hütte und sah, dass ihm da nicht eine Zumutung überreicht wurde, sondern ein Baby. Das Baby hatte Hunger und musste gebadet werden. Gut. Hakuin fütterte und wusch es. Dann wurde ihm das Baby weggenommen. Gut. Hakuin fegte die Hütte und ruhte. Ich nehme an, dass der alte Zen-Meister traurig war. Das wird für ihn kein Problem gewesen sein. Traurigkeit ist da, Schmerz ist da, Einsamkeit ist da. Sie gehören zum menschlichen Leben, sie geben ihm Farbe, ob wir sie mögen oder nicht. Darunter zu *leiden* aber ist unnötig. Leiden entsteht in unserem Geist, durch unser Nichtakzeptieren dessen, was ist. Leiden ist Staub auf dem Spiegel.

Als die Mönche von den falschen Anschuldigungen verwirrt und aus der Fassung gebracht waren, schickte der Buddha sie auf den gewohnten Almosengang. Wir tun einfach, was zu tun ist, und lassen uns nicht von den unerwarteten Ereignissen aus der Bahn werfen. Auf die Frage, was Zen sei, pflegten die alten Zen-Meister ihren Schülern zu sagen: »Geh weiter!« Der Schüler wurde damit keineswegs abgeschmettert, im Gegenteil: Er wurde in die Praxis hineingestoßen. Was sonst sollten wir tun, als weiterzugehen? Alles verändert sich unaufhörlich, wir können nicht zurück, wir können nicht einmal unbeweglich verharren. »Geh weiter!« ist die tiefe Weisheit des Zen, und sie ist ein Zauberwort für die Praxis der Achtsamkeit. Wir werden tausend Mal aus der Achtsamkeit fallen, werden Namen und Daten vergessen, falsche Entscheidungen fällen, anderen Menschen nicht gerecht werden. Sollen wir uns die Haare raufen über unsere anscheinend unausrottbare Unachtsamkeit? Sollen wir die Hände in den Schoß legen und aufhören, zu praktizieren, weil ja doch alles keinen Zweck hat? Nein, wir gehen einfach weiter, Schritt für Schritt.

Diese Metapher dürfen wir wörtlich nehmen: Ich weiß kein besseres Heilmittel gegen die Aufgewühltheit des Geistes als eine Gehmeditation. Wenn mir wieder einmal jemand ein »Baby« untergejubelt hat, ziehe ich meine bequemen Schuhe an und gehe am Flussufer hinter meinem Haus entlang. Ich setze den linken Fuß auf das Gras und atme ein, setze den rechten Fuß auf das Gras und atme aus. Der Fuß rollt von der Ferse bis zu den Zehen ab, ich spüre die Kiesel zwischen den Grasbüscheln und den Wind auf meiner Haut. Ich sehe den Silberreiher im Schilf stehen und höre den Schrei des Eichelhähers. Links, rechts. Einatmen, ausatmen.

So verbinde ich mich wieder mit dem Augenblick, mit seiner Schönheit, Wahrheit und Kraft. Ich nähre die Samen der Gelassenheit in mir, und wenn ich nach Hause komme, kann es sein, dass ich mir die falsche Anschuldigung durch den Kopf gehen lasse und murmle: »Ach, tatsächlich?«

Der Tod ist ein großer Lehrer

Die Geschichte über das wahre Familienglück

Ein reicher Mann bat eines Tages Zen-Meister Sengai, ihm eine Kalligrafie mit einem Text über das wahre Familienglück zu schreiben. Er stellte sich vor, dass er diese Weisheit seiner Familie hinterließe, damit sie von Generation zu Generation weitergegeben würde. Sengai nahm ein kleines Blatt Papier und schrieb: »Vater stirbt, Sohn stirbt, Enkel stirbt.«

Als der Mann dies las, wurde er ärgerlich. »Ich habe dich gebeten, etwas über das Glück meiner Familie zu schreiben«, sagte er. »Du aber schreibst hier über den Tod, also über das Unglück.«

»Du irrst dich«, antwortete Sengai. »Wenn dein Sohn stürbe, bevor du stirbst, würde dich das sehr traurig machen. Wenn dein Enkel vor deinem Sohn stürbe, würde es dir und deinem Sohn das Herz brechen. Wenn deine Familie, Generation auf Generation, aus der Welt scheidet in der Reihenfolge, in der ich es aufgeschrieben habe, entspricht das dem natürlichen Lauf des Lebens. Und das nenne ich wahres Glück.«

Es gibt keinen Weg, dem Tod zu entgehen

Es ist ein kalter, grauer Tag im Januar. Einer jener Tage, an denen das Leben monoton seinen Gang geht; ausgeschlossen, dass etwas Außergewöhnliches passiert. Draußen leichter Schneefall. Gleich werde ich das Gemüse für das Mittagessen vorbereiten, vorher will ich noch meine E-Mails abrufen. Die Mail, die mein Leben verändern wird, trägt den schlichten Betreff »News«. Meine Schwägerin teilt mir mit, dass man bei meinem Halbbruder ein primäres Leberkarzinom entdeckt habe. Eine Operation sei den Ärzten zufolge in diesem Fall nicht möglich. Nähere Einzelheiten über Therapie-Entscheidung und -Verlauf würden in der nächsten Mail folgen.

Es gibt diese Stunde unheimlicher Stille, bevor ein Gewitter losbrechen wird. Kein Blatt, kein Grashalm regt sich, die Natur scheint den Atem anzuhalten. In solch einer unbeweglichen Stille sitze ich vor dem Monitor, mein Geist scheint völlig ruhig zu sein. Verständnislos schaue ich auf den Bildschirm. Primäres Leberkarzinom …

Mein Bruder hat Krebs.

Der Sturm bricht los in Form hektischer Aktivität. Ich recherchiere eine Stunde im Internet und rufe einen befreundeten Arzt an. Er bestätigt mir, was die Websites mir bereits verraten hatten: Primärer Leberkrebs ist selten, und die an ihm Erkrankten haben eine sehr schlechte Prognose. Wenn eine Operation nicht möglich ist, bedeutet dies, dass der Tumor bereits zu groß ist. In diesem Fall beträgt die verbleibende Lebenszeit durchschnittlich ein halbes Jahr.

Der Schneefall ist dichter geworden. Ich sitze am Fenster und sehe den wirbelnden Flocken zu und weiß, dass mein kleiner Bruder, zwei Jahre jünger als ich, in einem halben Jahr sterben wird.

Die Geschichte von Sengai macht uns auf etwas Selbstverständliches aufmerksam: Jeder Mensch muss sterben. Die Frage ist nur, zu welchem Zeitpunkt er stirbt. Aber wie der reiche Kaufmann in unserer Geschichte betrachten auch wir den Tod als ein Unglück und werden ärgerlich, wenn uns jemand an ihn erinnert. Sehnen wir uns nicht alle in einer Ecke unseres Herzens nach absoluten Gewissheiten, nach etwas, das uns

Ausrichtung gibt und uns befreit von der so mühsamen Forderung, eigene Entscheidungen treffen zu müssen? Nun, hier ist die eine absolute Gewissheit: Jeder, den ich liebe, wird eines Tages sterben.

Zwischen mir und meinem Bruder liegen 10.000 Kilometer und sieben Stunden Zeitunterschied. Wir haben uns daran gewöhnt, miteinander per E-Mail zu plaudern, und am Wochenende klingelt zu immer derselben Zeit mein Telefon, weil mein Bruder einen speziellen Telefontarif hat, der Überseegespräche an Samstagen und Sonntagen verbilligt. Zu seinem Geburtstag im Oktober hat er mich eingeladen; ich freue mich auf die Reise und darauf, sein gerade erst fertig gebautes Haus zu sehen. Bis zum Oktober aber sind es noch zehn Monate. Wenn die Medizin recht hat, wird er seinen Geburtstag nicht mehr erleben.

Bis zu jenem Tag im Januar hatte ich geglaubt, den Tod auf freundschaftliche Weise in mein Leben hineingenommen zu haben. Aber hatte ich nicht stillschweigend vorausgesetzt, dass nur die sterben, die älter sind als ich? Auf einmal begriff ich: Der Tod kann uns jeden Menschen zu jeder Zeit nehmen, und deshalb muss unsere Achtsamkeit jedem Menschen gelten. Vielleicht ist gerade *dieses* Zusammensein mit unserem jüngeren Bruder oder der jüngeren Freundin das letzte, das wir erleben werden.

Der Dalai Lama rezitiert, wie ich hörte, täglich die Fünf Kontemplationen des Buddha, und gelegentlich erlaube ich mir den Traum, in einem Land zu leben, in dem diese Meditationsübung zur Kultur gehört wie das morgendliche Zähneputzen. Die Bäcker rezitieren den Text, bevor sie ihre Brötchen formen, die Lehrer, bevor sie sich vor die Klasse stellen. Bürgermeister, Abgeordnete, die Kanzlerin mit der gesamten Regierung – jeder Mensch hat diese grundlegenden Tatsachen des Lebens verinnerlicht:

- Es ist meine Natur, alt zu werden. Es gibt keinen Weg, dem Altwerden zu entgehen.
- Es ist meine Natur, krank zu werden. Es gibt keinen Weg, dem Krankwerden zu entgehen.
- Es ist meine Natur, zu sterben. Es gibt keinen Weg, dem Tod zu entgehen.
- Alles, was mir wertvoll ist, und jeder, den ich liebe, wird sich von Natur aus verändern. Ich werde von allem getrennt werden, dem kann ich nicht entgehen.
- Mein einziger Besitz ist die Wirkung meiner Taten in Körper, Rede und Geist.

Mein Traum ist von nachdenklichen Menschen bewohnt. Sie wissen, wie zerbrechlich alles Seiende ist: Alles verändert sich unablässig, das ist seine Natur. Auch sie verändern sich unablässig, das ist ihre Natur. Zerbrechliches aber sollte man behandeln wie kostbare Weingläser; man lässt es, konkret und im übertragenen Sinn, nicht fallen. Weil sie begriffen haben, dass alles, was ihnen wertvoll ist, nur ein vorübergehendes Geschenk darstellt, sind ihre Gesten behutsamer geworden, ihre Worte freundlicher, ihre Taten überlegter. Ganz von selbst hat sich Dankbarkeit eingestellt, die sie früher, als sie von ihnen gefordert wurde, nicht herzustellen vermochten. Sie haben gelernt, den Augenblick des Abschieds von Menschen, Dingen und Lebensumständen ein wenig hinauszuzögern durch neue Tätigkeiten, die im Grunde uralt sind: das Pflegen, Reparieren und Ausbessern, das Sichkümmern, Unterstützen, Mittragen. Sie haben auch begriffen, dass ihr eigenes Leben, ihr immer noch gesunder Körper und ihr wacher Geist kostbar sind, und deshalb behandeln sie sich selbst mit derselben Umsicht wie andere.

Wir werden alt, krank und sterben. Daran ist nichts Außergewöhnliches, es ist unsere Natur. Natürlich tun wir dennoch unser Möglichstes, um Krankheit zu verhüten, denn wir wissen, dass ein Großteil unserer Zivilisationskrankheiten selbstverschuldet ist und aus einer unheilsamen Lebensweise entsteht. Allerdings berechtigt dieses Wissen uns nicht dazu, von der Krankheit eines Menschen auf seine mangelnde Praxis oder sein »schlechtes Karma« zu schließen. Da werden Krebs, Asthma, ein Magengeschwür und selbst ein Schnupfen zum Beweis, dass die Person nicht ordentlich praktiziert hat. Solche Beurteilungen zeigen, wie viel Angst wir im Grunde vor dem Tod haben. Indem wir angeblich so genau wissen, was der andere »falsch« gemacht hat – denn natürlich hat er etwas falsch gemacht, sonst würde er nicht sterben –, versichern wir uns, dass wir die Einsicht haben, es »richtig« zu machen … und folglich nicht sterben werden.

Ich sitze am Fenster, sehe in den Schnee und weiß: Auch ich werde sterben. Ich werde, wenn es so weit ist, in einem halben Jahr aufs Neue das Loslassen üben müssen. Hundertmal bin ich schon auf diese Weise gestorben; habe Menschen und Tiere verloren, habe Abschied genommen von Städten, Wohnungen, Lebenshaltungen, Erwartungen, Hoffnungen. Und mit jedem Abschied habe ich das Sterben ein wenig tiefer geübt, habe jedes Mal die Verwandlungskraft des Loslassens besser verstanden.

Wir alle sind schon viele Male gestorben. Vielleicht wollten wir unbedingt Musik studieren, aber wir hatten eine Familie zu ernähren, und heute verkaufen wir Noten in einer Musikalienhandlung. Vielleicht haben wir uns eine ganz bestimmte Frau zur Partnerin gewünscht, aber sie entschied sich für einen anderen Menschen. Wir verlieren die Stellung, die uns erfüllt, weil unsere Firma in Konkurs geht. Wir müssen unser Haus verkaufen, weil uns die Kosten über den Kopf wachsen. Die Eltern sterben, die Kinder gehen ins Ausland, die Freundschaft mit dem besten Freund zerbricht.

Wie reagieren wir auf diese Verluste? Heißen wir sie willkommen, lernen wir von ihnen und sehen wir in ihnen die Chance, uns auf unseren Tod vorzubereiten? Natürlich tun wir das nicht. Stattdessen klammern wir uns an das, was unser Leben verlassen will, und wenn es endgültig gegangen ist, suchen wir schnell nach einem Ersatz, an den wir uns halten können. Denn unser kleines und verletzbares Ich sucht Sicherheit vor dem Unbekannten. Es fühlt sich ausgesetzt in einer Welt, in der scheinbar der eine gegen den anderen kämpft, Regeln nur sehr bedingt Gültigkeit haben und jederzeit etwas Unvorhergesehenes das Erreichte zunichtemachen kann.

Und wenn das Unvorhergesehene tatsächlich eintrifft, fragen wir uns bestürzt: Warum passiert das ausgerechnet mir?

Die Geschichte vom Senfkorn

Zur Zeit des Buddha lebte eine junge Frau namens Krisha Gotami. Als ihr einziges Kind ein Jahr alt war, wurde es krank und starb. Krisha Gotami war überwältigt von Schmerz, lief mit der Leiche ihres Kindes im Arm durch die Straßen und flehte jeden an, ihr eine Medizin zu geben, die ihr Kind wieder lebendig machen würde. Die Menschen wandten sich kopfschüttelnd von ihr ab, bis ein Mann Mitgefühl mit ihr hatte und sagte, der einzige Mensch, der ihr diese Medizin geben könne, sei der Buddha.

Also ging Krisha Gotami zum Buddha, legte ihm ihr totes Kind zu Füßen und erzählte ihre Geschichte. Der Buddha hörte ihr zu, schwieg lange und sagte dann: »Es gibt ein Mittel gegen dein Leiden: Geh in die Stadt und bringe mir ein Senfkorn aus einem Haus, in dem noch nie jemand gestorben ist.«

Krisha Gotami ging sofort in die Stadt, klopfte an das erste Haus, das sie sah, und trug ihre Bitte vor. Der Hausherr schüttelte den Kopf: »In diesem Haus sind schon viele Menschen gestorben.« Sie klopfte an das nächste Haus, das dritte und das vierte. Überall hatte es schon Todesfälle gegeben, und so war es auch in den restlichen Häusern der Stadt.

Entmutigt kehrte Krisha Gotami zurück zum Buddha. »Hast du den Senfsamen?«, fragte er. »Nein«, sagte Krisha Gotami leise. »Ich beginne zu verstehen, was Ihr mich hattet lehren wollen. In meinem Schmerz hatte ich geglaubt, die Einzige zu sein, der ein geliebter Mensch gestorben ist.« »Warum bist du zurückgekommen?«, erkundigte sich der Buddha. Krisha Gotami sagte: »Um Euch zu bitten, mich die Wahrheit über den Tod zu lehren, und Euch zu fragen, ob es etwas in mir gibt, das nicht stirbt.«

Das Unannehmbare annehmen

Der Tod ist in unserem Leben allgegenwärtig, und dennoch befassen wir uns nicht mit ihm. Unsere Gesellschaft mit ihren zahllosen Ablenkungen ist geradezu eine Todes-Vermeidungs-Gesellschaft. Der Grund für unser Jagen nach Vergnügungen und Zerstreuungen ist eine subtile Angst vor dem Tod, die den meisten Menschen nicht bewusst ist. Und unsere Verherrlichung alles Jungen und Kraftvollen wirkt manchmal wie eine Beschwörung gegen das Altwerden, an dessen Ende der Tod steht. Wir verbringen viel Zeit damit, uns auszumalen, welch wunderbare Eigenschaften unser nächster Partner haben soll und wie wir unser demnächst zu bauendes Haus einrichten werden, aber wer von uns setzt sich still in den Sessel und sinnt darüber nach, wie und auf welche Weise er dereinst zu sterben wünscht? Dies ist jedoch ein großes Versäumnis, denn nur, wenn wir den Tod als unseren Lehrer akzeptiert haben, können wir die Kunst des Lebens wirklich ausüben.

Der Arzt Viktor Frankl überlebte die Gräuel des Konzentrationslagers; in der ständigen Konfrontation mit dem Tod wuchs in ihm die Verantwortung für das Leben: »Lebe so, als ob du zum zweiten Mal lebtest und das erste Mal alles so falsch gemacht hättest, wie du es zu machen im Begriffe bist. Gelingt es einem, sich dieser Fantasievorstellung hinzugeben, dann wird ihm im gleichen Augenblick die ganze Größe der Verantwortung bewusst, die der Mensch in jedem Moment seines Lebens hat: die Verantwortung dafür, was aus der jeweils folgenden Stunde werden soll.«

Vielleicht wird uns erst im Angesicht unserer Endlichkeit klar, welche Freiheit zur Gestaltung jedes einzelnen Augenblicks wir haben – und wie selten wir diese Freiheit in heilsamer Weise nutzen. Die Antwort auf die Existenz des Todes ist unsere Praxis der Achtsamkeit, das voll bewusste Gestalten jedes einzelnen Augenblicks. Vor der Gestaltung aber steht die Erforschung. Legen Sie, wenn Sie mögen, das Buch einmal zur Seite und setzen Sie sich bitte zehn Minuten still auf ein Meditationskissen oder in den Sessel und beobachten Sie einfach die Gedanken und Gefühle, die ohne Zweifel aufsteigen werden. Was finden Sie heraus, was lehrt Sie diese kleine Übung?

Sie entdecken, dass in Ihrem Geist unablässig der Prozess von Geburt und Tod stattfindet: Gefühle entstehen und vergehen wieder, ein Gedanke steigt auf und versinkt, ein anderer Gedanke steigt auf und versinkt. In der Erforschung unserer Geisteszustände können wir entdecken, dass es keinen Zustand gibt, der von Dauer ist, und nichts, was wir festhalten könnten. Alles, was wir zu sein glauben, wandelt sich unaufhörlich.

Die Quantenphysiker sind inzwischen zu einer ähnlichen Erkenntnis gekommen. Hans-Peter Dürr, Träger des Alternativen Nobelpreises, bezeichnet Beziehungsstrukturen als die ursprünglichen Elemente der Wirklichkeit und sagt: »Es gibt gar nichts Seiendes, nichts, was existiert. Es gibt nur Wandel, Veränderung, Operationen, Prozesse.« Was löst diese Aussage in uns aus? Sind wir verunsichert, weil es offensichtlich keine Sicherheit im Leben für uns gibt? Woran sollen wir uns halten, wenn sich alles unaufhörlich verändert? Wird uns hier nicht der Boden unter den Füßen weggezogen, werden wir nicht in ein trostloses Nichts geworfen?

Nein, im Gegenteil. An diesem Wandel, von dem die Quantenphysik spricht, ist nämlich alles Seiende beteiligt; hier wird ein kreatives Universum vorgestellt, dessen Schöpfer wir alle sind: »Die Welt ereignet sich in jedem Augenblick neu.« Und deshalb ist die Wachheit im Augenblick – mit anderen Worten: die Praxis der Achtsamkeit – so wichtig: Da wir alle die Welt mit erschaffen, ist es von höchster Wichtigkeit, uns dessen bewusst zu sein, *was* wir in jedem Augenblick erschaffen. Hans-Peter Dürr bezeichnet das Jetzt als den Zeitpunkt, an dem »Möglichkeit zur Tatsächlichkeit gerinnt«, und so ist die Zukunft nicht etwas, das über uns hereinbricht, sondern: »Die Zukunft wird gestaltet durch das, was jetzt passiert.«

Ein Leben lang haben wir uns an Sicherheiten geklammert, aber nun haben wir gesehen, dass es nicht einmal in unserem Geist so etwas wie Beständigkeit gibt – wie sollte es da Beständigkeit geben in der von uns geschaffenen Welt? Wo also ist unsere Sicherheit inmitten dieser grundlegenden Unbeständigkeit?

Unsere einzige Sicherheit liegt in diesem Augenblick, denn die Qualität dieses Augenblicks prägt die Qualität des nächsten.

Die zahlreichen Tode in unserem Leben lehren uns das Loslassen, und wir haben eine Menge loszulassen: Unsere Vorstellungen davon, wie die Dinge zu sein haben, unsere Meinungen und Urteile über uns selbst und die anderen, unsere Hoffnungen und Ängste. Immer aufs Neue sehen wir uns mit überraschenden Situationen konfrontiert; die Dinge entwickeln sich nicht immer so, wie wir es geplant haben, und wir müssen erfahren, dass sich andere Menschen selten nach unseren

Wünschen verhalten. Deshalb ist das Loslassen im Grunde nichts anderes als ein Seinlassen: Wir erlauben der jeweiligen Situation, genau so zu sein, wie sie ist. Und wenn wir dies tun, erweist sich unser »Loslassen« tatsächlich als Nicht-Ausschließen, also als Ja-sagen zu allem, was ist. Nichts auszuschließen aber heißt: Auch das »Undenkbare« denken, das »Unerträgliche« ertragen, das »Unannehmbare« annehmen. Und das für unser Ego Unerträgliche ist vielleicht in diesem Augenblick das drohende Sterben des kleinen Bruders.

Nichts auszuschließen heißt, den Tod ins Leben hineinzunehmen.

Wir müssen den Tod deshalb nicht lieben. Wenn jemand stirbt, sind wir traurig, empfinden Schmerz, wollen klagen, werden wütend und möchten getröstet werden. All dies ist die Wahrheit der Situation; wir umfangen unsere Gefühle mit Achtsamkeit, atmen in sie hinein und achten sie. Man nennt das Trauern, und im Gegensatz zu den südlichen Ländern fehlt uns in Mitteleuropa leider eine Trauerkultur. In einer von mir geleiteten Gesprächsrunde zum Thema Sterben sagte ein Mann einmal kühl, das Weinen über den Tod eines Menschen sei nichts als Anhaftung, und solche Menschen hätten noch nicht begriffen, dass es in der letztendlichen Dimension weder Geburt noch Tod gebe. Ich bat ihn, zu seinem Atem zurückzukehren, in sich hineinzuspüren und sich das Bild seines auf dem Sterbebett liegenden Vaters vorzustellen. Als er dies tat, begann der Mann zu weinen. Er war ein »guter buddhistischer Schüler« und hatte sich ein Jahr lang nicht erlaubt, über den Tod seines Vaters zu trauern. Die Vermeidung des Schmerzes aber ist etwas anderes als Nicht-Anhaftung. Wenn wir Achtsamkeit praktizieren, kümmern wir uns um die Gefühle, die sich in diesem Augenblick manifestieren. Und nur jemand, der tief in seine Schmerzen hineingesehen und viele Tränen vergossen hat, ist fähig, den Weg der Befreiung bis zum Ende zu gehen.

In meiner eigenen Geschichte wurde es Frühjahr. Ich betrachtete die Narzissen im Garten, während ich mit meinem Bruder telefonierte, dessen Stimme immer brüchiger wurde. Wir sprachen inzwischen Englisch miteinander, weil sein Deutsch ihn nicht mehr trug. Die deutsche Sprache, die er einmal geliebt hatte, hatte sich an der Grenze seines Lebens einfach aufgelöst. Er wollte nicht, dass ich ihn besuche. Im Oktober, sagte er. Ich verstand, dass mein vorzeitiges Kommen für ihn die Überreichung seines Todesurteils bedeutet hätte, und blieb. Es ging ihm nicht gut. Weil es ihm nicht gut ging, ging es mir nicht gut.

Im Garten waren die Rosen in voller Blüte, als ich mich über seinen Wunsch hinwegsetzte und einen Last-Minute-Flug nach Atlanta buchte. Als ich über dem Atlantik war, lag er schon auf der Intensivstation. Ich kam rechtzeitig.

Die Geschichte vom weinenden Zen-Meister

Einem Zen-Meister war der einzige Sohn gestorben. Am nächsten Tag sah ein junger Mönch den Meister weinend am Teich sitzen. Der junge Mönch war schockiert, erinnerte er sich doch an die Lehren des Meisters über Nicht-Anhaftung. »Warum weinst du?«, fragte er den Meister streng. »Hast du uns nicht gelehrt, dass es weder Geburt noch Tod gibt?«

Der Meister wandte langsam den Kopf und sah seinen Schüler an. Dann sagte er ruhig: »Ich weine, weil ich traurig bin.«

Kein Kommen, kein Gehen

Thich Nhât Hanh pflegt zu sagen, der Satz »Alle Menschen müssen sterben, weil sie geboren wurden« entspringe der formalen Logik. Wir aber als Praktizierende müssten unser Verständnis erweitern, um die Wirklichkeit zu erfassen. Ein Blatt Papier bestehe aus Wasser und Sonne, den Bäumen, dem Holzfäller, dem Arbeiter in der Fabrik und vielen weiteren Faktoren. Können wir sagen, das Blatt Papier sei »geboren« worden, als es seine Form annahm? Nein, sagt Thich Nhât Hanh, das Blatt Papier ist eine Fortsetzung, eine Manifestation, die entstand, weil die Bedingungen dafür günstig waren. Jede Geburt ist ein Augenblick im großen Kontinuum. Niemand wird »geboren«.

Und niemand stirbt.

Wir haben diese Aussage hundert Mal gehört, haben ihren Wahrheitsgehalt erkannt und sind doch an ihrer Tiefgründigkeit gescheitert. Wenn ein geliebter Mensch gestorben ist, wo ist dann sein Kontinuum? Müssen wir ein Medium bitten, mit ihm Kontakt aufzunehmen, müssen wir auf seine Wiedergeburt in menschlicher oder anderer Form warten, und gibt es die überhaupt?

Die Beerdigung meines Bruders fand statt an einem glühend heißen Samstagmorgen Ende August. Mein Bruder war gläubiger Christ und Mitglied der Presbyterian Church gewesen, und nach dem Ritus seiner Kirche wurde er beerdigt. Das Bestattungsunternehmen hatte ein Sonnensegel über das Grab gespannt, unter dem nur die engsten Familienangehörigen Platz hatten. 30 Grad Celsius um zehn Uhr morgens, eine dem Klima angepasste kurze Zeremonie, die zur Erleichterung der Trauergäste in der kühlen Kirche ihre Fortsetzung finden würde. Ein Priester und Freund der Familie, Gene, wischte sich den Schweiß von der Stirn und setzte zum Segen an. Da erklang auf einmal von einem nahe gelegenen, uns nicht sichtbaren Spielplatz hinter den Bäumen Kinderlachen. Übermütig, voller Lebenslust.

Gene hielt mitten im Segen inne, die erhobenen Hände in der Luft. Meine Familie und alle Trauergäste hoben lauschend den Kopf und einige lächelten. Als hätten sie in diesem Augenblick zum ersten Mal die Lehre des Buddha gehört und sofort verstanden: Es gibt kein Kommen und kein Gehen, nur Verwandlung. Ein unablässiges Kontinuum des Lebensstroms.

Als alles vorüber war, feierten wir das Leben meines Bruders. Und er hatte ein reiches Leben, das Samen in vielen Menschen gepflanzt hat. Den einen hatte er zum eigenen Weg ermutigt, den nächsten stets respektvoll behandelt. Die eine hat seine Gastfreundschaft geschätzt, die andere von ihm Humor gelernt. Wir saßen um einen großen Tisch herum wie die Erzähler in der Karawanserei um das Feuer, nur dass unsere Märchen Wirklichkeit waren. Gelebtes Leben eines Menschen, der Wurzeln in uns geschlagen und uns für immer geprägt hat.

Ich stand auf und trat vors Haus in die heiße Nacht der Südstaaten. Hinten am See rief ein Nachtvogel, monoton und klagend. Die Sterne waren an den Himmel gestickt, ein unbegreifliches Muster, und einer der Sterne blinkte. Und ich fragte mich, ob es diesen Stern da oben überhaupt noch gab; ob er nicht zu den Sternen gehörte, die längst verglüht sind, und ich es nur der Entfernung der Lichtjahre zu verdanken hatte, dass ich ihn noch sehen konnte. War dieser Stern nun da, oder war er nicht mehr da?

Was wir für seltsame Fragen stellen.

Über die Gelassenheit

Die Geschichte vom eiligen Zen-Schüler

Eine Zen-Meisterin hatte einen Novizen, der Tag und Nacht Zazen übte. Er schlief kaum noch und aß wenig, und eines Tages rief die Meisterin ihn zu sich und ermahnte ihn, besser auf seine Gesundheit zu achten. »Aber ich habe keine Zeit zu verlieren!«, rief der Novize. »Ich will die Befreiung erreichen!« »Und woher weißt du«, fragte die Meisterin, »dass die Erleuchtung vor dir herläuft und du sie einholen musst? Vielleicht rennt sie ja die ganze Zeit hinter dir her und kann dich nicht einholen.«

Der Unterschied zwischen Ziel und Absicht

Während meiner Zeit in einer japanischen Zen-Schule faszinierte mich die Art der Mönche, den Boden im Zendo aufzuwischen. Sie tunkten den Mopp in den Eimer, drehten ihn in Windeseile in der körbchenartigen Schale am Eimerrand, um das Wasser herauszuschleudern, setzten den Mopp auf den Boden und rannten auf bloßen Füßen los. Mann und Mopp zogen eine messerscharfe Bahn vom einen Ende des Raums zum anderen; der Mönch wendete sich und den Mopp, und beide sausten parallel zur ersten Reihe zurück. 100 Quadratmeter in fünf Minuten. Ich dagegen, zum Trocknen in derselben Manier eingeteilt, hoppelte als hoffnungslose Verliererin fünfzehn Minuten lang mit meinem Wischer über das Parkett.

Als ich nach Plum Village kam, erlebte ich zu meinem Erstaunen Nonnen und Mönche, die lächelnd und langsam durch das Gelände schritten. Um eine kleine Schale Essen zu leeren, benötigten sie fünfzehn Minuten, und ich wurde gebeten, mich ihrem Tempo anzupassen. Es dauerte mehrere Tage, bis ich nicht mehr die Erste war, die ihr Essen beendet hatte, und nicht mehr alle beim Gehen überholte. Und auch diese Praxis war von einem Zen-Meister entwickelt worden.

Schnell oder langsam? Welches Tempo unterstützt unsere Praxis besser?

Langsamkeit ist ein Wert, der allmählich von ganz unterschiedlichen Gesellschaftskreisen entdeckt wird. Langsamkeit scheint das Heilmittel zu sein für Stress, Hektik, Überforderung – aber wollen wir wirklich als langsam gelten? Die Langsame ist die Trödelnde, die hoffnungslos Abgeschlagene im Kampf um die Sekunden. Der Langsame ist ein Träumer, der nicht mithalten kann beim Wettbewerb um den ersten Platz, in welchem Bereich auch immer. Die Langsame kaut am letzten Salatblatt, weil das Büfett, wenn sie kommt, schon leer gegessen ist. Der Langsame muss mit ansehen, wie ihm die Traumpartnerin vor der Nase weggeschnappt wird, weil jemand anderes schneller war. Niemand will als langsam gelten, und deshalb gibt es heute für die Langsamkeit einen neuen Begriff: Entschleunigung.

Aber vielleicht geht es gar nicht um die Frage, ob wir schnell oder langsam sind oder gar sein sollten?

Wir sprechen davon, im gegenwärtigen Augenblick zu *verweilen.* Wir lassen uns in ihm nieder, wir wohnen in ihm. Dort, wo wir wohnen, sind wir zu Hause, dort kennen wir uns aus: Wir wissen, wo in der Küche das Salz steht und dass die Lampe einen Wackelkontakt hat. Es geht also darum, im gegenwärtigen Augenblick zu wissen, was wir zu tun haben. Wenn beispielsweise auf dem Herd die Milch überkocht oder das Kind auf das Balkongeländer klettert, werden wir sicher keine Gehmeditation zum Herd oder Balkon unternehmen. Der Augenblick selbst mit allem, was in ihm geschieht, bestimmt die Langsamkeit oder Schnelligkeit, die wir aufzubringen haben. Einem Schüler, der das Sitzen auf dem Kissen für ein Nickerchen nutzt, wird jeder Lehrer zurufen: »Wenn du wüsstest, wie wenig Zeit du hast!« Der Übereifrige dagegen wird ermahnt, innezuhalten und für sich selbst zu sorgen. Beide Ermahnungen dienen nur dazu, den Schüler an den Ort zurückzubringen, den er verloren hatte: den gegenwärtigen Augenblick.

Verweilen ist ein schönes Wort. Es hat Sonne und Wärme in sich, an heißen Tagen einen Baumschatten, und klingt nach dem Behagen einer Katze, die genüsslich alle Glieder dehnt. Wo ich verweile, geht es mir gut. Warum sollte ich Ausschau halten nach neuen Aufregungen, anderen Orten? Glücklicher als hier und jetzt könnte ich nicht sein.

Ich habe auf einmal »Zeit« (nämlich: den Augenblick) und entdecke, dass ich von Wundern umgeben bin, die mir in meiner vorherigen Eile entgangen sind. Das Wunder kann so klein sein wie ein Sommergewitter in den Bergen oder so groß wie ein Grashalm. Es kann duften wie die Tigerlilie morgens um sechs, die ihre Knospe sachte öffnet. Es kann klingen wie der Wind, der im Kamin singt, und leuchten wie der Widerschein der untergehenden Sonne in unserer Fensterscheibe. Wunder finden nur im gegenwärtigen Augenblick statt.

Der Novize in unserer Geschichte ist jung und voller Eifer. Wahrscheinlich spürt er die Kraft eines Bären in sich, und wenn er seine Meisterin so beobachtet, kommt er zu dem Schluss: Die ist auch nicht mehr die Jüngste. Wie langsam die über den Klosterhof wandelt! Wie wenig die, genau betrachtet, während des Tages tut! Sie geht, sie isst, sie schläft, sie empfängt die Novizen zum Gespräch und bimmelt hin und wieder eine Glocke. Wenn *ich*, denkt der junge Mönch, erleuchtet bin, werde ich Klöster bauen. Zehn Klöster mit jeweils hundert Mönchen. Ich werde durchs Land reisen, Reden halten, Schriften herausgeben, um den Menschen zum Erwachen zu verhelfen. Wenn ich erst erleuchtet bin.

Ich beobachte, dass Menschen in ihrer Zen-Praxis fast immer das erreichen, was sie als Absicht säen. Wenn sie ein wenig ruhiger und gesünder werden wollen, können sie das bei entsprechender Übung durchaus erreichen – und werden die Übung sofort aufgeben, wenn sie ruhig und gesund geworden sind. Wenn sie »spirituelle Erfahrungen« haben möchten, werden sie diese haben – und befriedigt innehalten und die Alltagspraxis vergessen. Aber nur, wenn sie wirklich ihr Leiden beenden und die vollkommene Befreiung erfahren wollen, werden sie in jedem Augenblick praktizieren.

Und damit sind wir in einem Paradox, also mitten im Zen. Einerseits gibt es, wie uns gesagt wird, nichts zu erreichen, schon gar nicht die Erleuchtung (denn wir sind bereits erleuchtet, wir wissen es nur nicht). Andererseits werden wir aufgefordert, nach dem Erwachen zu streben, weil nur dies uns die nötige Entschlossenheit verleihe. Wie lösen wir dieses Dilemma? Indem wir unterscheiden zwischen Absicht und Ziel.

Das Erwachen findet im Augenblick statt, immer. Selbst tiefe, erleuchtende Erfahrungen können wir nicht konservieren; sie verblassen sehr schnell, wenn uns der Alltag mit seinem Lärm, dem Schmutz und den Konkurrenzkämpfen wieder eingefangen hat. Darum sagte Suzuki Roshi, es gebe genau genommen gar keine Erleuchtung, sondern nur erleuchtetes Handeln. In einem Augenblick sind wir »erwacht«; wir spüren Liebe in uns für alle Wesen und wissen, dass wir unbegrenzt und frei sind. Eine Stunde später finden wir uns in den bekannten Zweifeln, Ängstlichkeiten und Traurigkeiten wieder. Unsere Geisteszustände wechseln unablässig, und nur die stete Praxis wird uns dabei helfen, den erwachten Geist wieder berühren zu können – und weder von der Erfahrung der Grenzenlosigkeit noch von jener der Begrenzung davongetragen zu werden.

Unser Novize also hat eine klare Absicht, und die braucht er auch. Leider ist er gleichzeitig ehrgeizig, und weil Ehrgeiz immer mit Erreichen- und Haben-Wollen zu tun hat, zielt er auf die Zukunft – und schon hat der Novize den Augenblick verpasst.

Es ist ein feiner Unterschied zwischen »eine Absicht haben« und »ein Ziel erreichen wollen«, und dieser Unterschied ist für unsere Praxis entscheidend. Wie können wir herausfinden, ob wir vom einen oder vom anderen bewegt werden? Wir befragen uns, ob wir im »Wie« oder im »Was« leben. Unsere Ziele sind sehr konkret: Wir wollen ein Praxiszentrum eröffnen, eine Familie gründen, Abteilungsleiter werden oder die Erleuchtung realisieren. Gegen all dies ist nichts einzuwenden, aber das »Was« betrifft die Manifestationen und Manifestationen entstehen aufgrund von vernetzten Bedingungen. Ein großer Teil dieser Bedingungen entzieht sich unserer Kontrolle. Ganz allein in unserer Verantwortung aber liegt die Qualität, die wir in die Welt bringen durch unser Denken, Sprechen und Handeln, durch unser gesamtes Sein. Eine Absicht ist nichts anderes als die Motivation, von der bereits die Rede war: »Welche Qualität möchte ich mit meinem Leben ausdrücken?«

Wenn wir diese Absicht tief in unser Sein versenken, wird sie uns in Richtungen lenken, an die wir mit unserem begrenzten Ich-Bewusstsein gar nicht gedacht haben. Vielleicht eröffnen wir tatsächlich ein Praxiszentrum, weil das Lehren der natürliche Ausdruck für unsere eigene Praxis ist. Vielleicht aber stellen wir fest, dass wir Achtsamkeit lieber in unseren Beruf einbringen wollen. Vielleicht wird unsere

Familie der Ort, an dem unsere Praxis sich entfaltet; es könnte aber auch sein, dass wir irgendwo in Asien als Mönch oder Nonne leben wollen. Ein Denken in konkreten Zielen ist immer einengend; ein Denken in Qualitäten und Prozessen dagegen führt uns in ungeahnte Bereiche unserer selbst und des Lebens.

Warum engen wir uns immer wieder ein, anstatt uns auf diese Freiheit und Offenheit einzulassen? Macht es uns Angst, nicht zu wissen, was morgen, was in einem Jahr mit uns geschieht? Wenn wir uns an konkrete Ziele klammern, haben wir noch nicht die Unbeständigkeit als unsere Freundin angenommen. Und deshalb meine ich, die Geschichte vom eiligen Zen-Schüler handelt im Grunde von einer Haltung, die den meisten von uns fehlt: Gelassenheit.

Der Novize ist ungeduldig: Er will erleuchtet werden, gleich, jetzt, hier, auf der Stelle! Fehlt ihm also die Geduld? Aber in dem Wort Geduld steckt das »Dulden«, und dieser Begriff hat immer etwas Gönnerhaftes. Also gut, nun ja, wenn es sein muss, dann dulde ich eben dich oder dies oder das. (Mir bleibt leider nichts anderes übrig.) In dem Wort Dulden versteckt sich viel Ungeduld; wir warten nur auf den günstigen Moment, endlich unduldsam werden zu können.

In Gelassenheit dagegen steckt das »Lassen«: Wir erlauben der Situation, so zu sein, wie sie ist, und mischen uns nicht ein, nicht einmal durch Duldung. Wir lassen auch einen anderen Menschen so sein, wie er ist, und versuchen nicht, ihn zu ändern. Wenn wir gelassen sind, darf der Prozess des Lebens sich entfalten, ohne dass wir pausenlos zu unseren Gunsten eingreifen. Der Gelassene hat die Unbeständigkeit alles Seienden akzeptiert; er oder sie wird weder von Gewinn noch von Verlust aus der Bahn geworfen.

Eine einfache Übung, wenn wir das, was ist, zufällig mögen. Und eine ziemlich schwierige, wenn wir es nicht mögen.

Die Geschichte von der Teeschale

Der Abt eines japanischen Zen-Klosters fand seine Frau weinend in der Teeküche vor. »Warum weinst du?«, fragte er sie. »Weil alle Dinge so vergänglich sind«, schluchzte sie. Der Abt runzelte die Stirn. »Du musst härter werden«, sagte er belehrend. »An die Vergänglichkeit müssen wir uns alle gewöhnen.« »Ich bin froh, dass du es so siehst«, sagte seine Frau und zog aus ihrem Kimonoärmel ein paar Scherben. »Deine Lieblings-Teeschale ist nämlich soeben in die Vergänglichkeit eingegangen.«

Auch unser Wunsch, erleuchtet zu werden, geht irgendwann in die Vergänglichkeit ein. Was bleibt dann noch? Stehen wir, wenn wir viele Jahre praktiziert haben, vor nichts als den Scherben unserer Träume, Wünsche, Hoffnungen? Haben wir von all unserer Praxis denn nichts »gewonnen«?

Wir haben das Kostbarste gewonnen: den Augenblick.

Wir haben den Flug der Schwalben gewonnen, den Duft des frisch geschnittenen Grases, die Buschtrommeln des Regens auf dem Blechdach der Garage. Das erste Schneeglöckchen im März, das Herbstfeuer der Ahornblätter, unsere einsame Fußspur im Schnee. Das Gesicht unserer Geliebten, die Stimme unseres Kindes, die Katze, die ihren Kopf an unserem Bein reibt. Das Brot und die Butter, die Möhre und die Kartoffel, den Tee und den Kaffee. Unser Lieblingslied aus einem offenstehenden Fenster, ein Bild in einer Ausstellung, ein Satz in einem Buch, der etwas in uns berührt.

Im nächsten Augenblick ist die Geliebte vielleicht gegangen, die Katze gestorben, das Blatt gefallen, der Schnee getaut, das Brot gegessen, das Lied beendet. Neues Brot wird gebacken, neue Möhren werden gesät, ein neues Lied beginnt.

Und wir sind mittendrin. In diesem Augenblick namens Leben.

Über Verliebtheit und Liebe

Die Geschichte von Eshun, der Nonne

Ein Zen-Meister hatte einundzwanzig Schüler. Zwanzig von ihnen waren Mönche, die Einundzwanzigste war eine junge Frau namens Eshun. Die Nonne Eshun war sehr schön, obwohl ihre Robe einfach war und ihr Kopfhaar geschoren. Mehrere Mönche verliebten sich in sie; einer von ihnen wagte es, ihr einen Liebesbrief zu schreiben und sie um ein heimliches Treffen zu bitten. Bebend wartete er auf Antwort, aber als er Eshun am nächsten Tag in der Meditationshalle begegnete, behandelte sie ihn so gleichmütig wie alle anderen und tat, als habe sie nie einen Brief erhalten.

Nachdem der Meister seinen Vortrag beendet hatte, saß die Gemeinschaft noch ein paar Minuten im Schweigen beieinander. Da erhob sich Eshun von ihrem Kissen. Sie sah dem Mönch, der ihr den Brief geschrieben hatte, ruhig in die Augen und sagte mit klarer Stimme in die Stille hinein: »Wenn du mich wirklich so sehr liebst, dann komm und umarme mich jetzt!«

Der Traum

Ein Mönch verliebt sich in eine Nonne. Warum sollte er das nicht tun? Er lebt in einer Gemeinschaft von Männern; wahrscheinlich ist er jung, zu jung für das Gelöbnis, lebenslang Enthaltsamkeit zu üben. Vielleicht hat er das auch gar nicht gelobt; im japanischen Zen ist es Mönchen und Nonnen durchaus erlaubt, zu heiraten. Umso wahrscheinlicher also das Aufbrechen einer tief verborgenen Sehnsucht, als eines Tages eine Frau in der Gemeinschaft erscheint. Die Nonne ist schön, »obwohl ihr Kopf geschoren« ist, und auch ihre schlichte Robe kann den Eindruck ihrer Erscheinung nicht trüben. Ihre Schönheit, so wird hier angedeutet, ist nicht von äußerer Art, entsteht nicht durch die Künste eines geschickten Friseurs oder raffinierten Schneiders. Die Schönheit der Nonne Eshun ist eine innere: Durch ihre Körperhülle scheint das Licht ihrer Buddhanatur.

Wir sehen also Eshun vor uns, im ganzen Schmuck ihrer Schönheit: Ihre Herzensweite, die für alles und jeden unter der Sonne Raum hat. Ihr Verstehen, das in die tiefsten Abgründe eines Menschen blicken und die Ursachen erkennen kann, die ihn zu dem gemacht haben, der er ist. Ihr Mitgefühl, das sich vom Leiden der Welt nicht abwendet. Wir sehen aber auch ihren kristallklaren Verstand, der fähig ist, das Dharma aufzunehmen und zu durchdringen. Wir sehen ihre Stärke, mit der sie ihre Werte inmitten einer Welt verteidigt, die von diesen Werten nichts wissen will. Wir sehen, dass die Praxis, die sie da gefunden hat, ihr Freude macht; eine Freude, die sie unbedingt in anderen Menschen erwecken möchte, scheinen sich doch die meisten Menschen in Depression und Zweifel, Resignation und Aggression zu verlieren. Eshuns Erfahrung des Dharma ist so tief, dass sie schon längst nicht mehr die Worte ihres Meisters zitiert, sondern die Lehre in ihren eigenen Worten vermittelt. Vor allem aber berührt und lehrt sie andere durch ihr eigenes Sein: Wenn sie durch den Garten geht, verändert sich auf einmal die Atmosphäre. Die Sonne scheint wärmer zu sein, die Blumen scheinen intensiver zu duften. Frieden breitet sich aus, und die Menschen beginnen zu lächeln, absichtslos und natürlich.

Wir verstehen, dass die Mönche sich reihenweise Hals über Kopf in diese Frau verlieben.

Und nun schreitet einer von ihnen zur Tat. Die Konkurrenz schläft nicht, er muss sich also etwas einfallen lassen, auch wenn sein Einfall dann nicht gerade originell ist: Er schreibt einen Brief. Was wird er ihr geschrieben haben? Nach aller Erfahrung gleichen sich Liebesbriefe über die Jahrhunderte und Länder hinweg in erstaunlicher Weise. Er wird also von ihren schönen Augen gesprochen haben und von seiner Sehnsucht; er wird ihr ein Treffen vorgeschlagen haben (»morgen Nacht um elf an der großen Kiefer«) und vor Aufregung kein Auge zugemacht haben.

Und dann – nichts. Eshun schweigt. Nimmt ihren Platz im Zendo ein, so gelassen wie immer. Lauscht den Belehrungen des Meisters, als gäbe es nichts Wichtigeres auf der Welt. Der Mönch dagegen hört an diesem Tag von der Lehre nichts. Was schert ihn das Dharma, er ist verliebt. In eine, die ihn offensichtlich nicht wiederliebt. Ein junger Mönch versinkt auf seinem Kissen in Gram.

Aber dann steht sie auf. Ungebührlich, ein Schüler erhebt sich nicht, solange der Meister im Raum ist, es sei denn, um ihm Ehre zu erweisen. Jetzt beginnt sie auch noch zu sprechen, diese Frau wagt viel. Sie mag eine gute Zen-Schülerin sein, eine gehorsame Nonne ist sie nicht. Zweiundvierzig Männeraugen richten sich auf sie, die hocherhoben im Raum steht. Man muss sich tatsächlich gut überlegen, ob man als Mönch mit dieser Frau in Verbindung gebracht werden will. Sie dreht sich um und blickt dem Briefschreiber voll ins Gesicht. Und sagt: »Wenn du mich wirklich so sehr liebst, dann komm und umarme mich jetzt!«

Wann sonst – wenn nicht jetzt …?

Die Geschichte von Eshun ist reines Zen, denn sie gibt uns eine Lehre über den Unterschied zwischen Traum und Wirklichkeit, in diesem Fall also: den Unterschied zwischen Verliebtheit und Liebe. Jeder von uns zieht sich hin und wieder in einen schönen Traum zurück, wenn die Gegenwart zu eintönig erscheint und wir das Interesse an dem, was gerade ist, verlieren. In solchen Momenten pflegt sich still und leise ein kleines Gedankengebilde in die Lücke in unserem Geist zu schleichen, die wir durch unsere Unachtsamkeit geschaffen haben. Und weil dieses kleine Gedankengebilde sehr viel attraktiver erscheint als die Gegenwart, heftet sich unser Geist an seine Fersen und folgt ihm wie die Kinder dem Rattenfänger von Hameln. Das Träumen an sich ist dabei kein Problem, auch das darf Platz haben in unserem Leben. Problematisch ist, dass wir häufig Traum mit Wirklichkeit verwechseln.

Den Traum erkennt man leicht an seinem Schauplatz. Der Traum sagt: »Damals, als …« oder: »Wenn, dann …« Er spielt in der Vergangenheit oder in der Zukunft, er heißt »morgen Nacht um elf an der großen Kiefer«. Aber »morgen Nacht« ist nicht real. Vielleicht wird es für den jungen Mönch die morgige Nacht gar nicht geben, vielleicht fällt ihm, wenn er aus dem Zendo tritt, ein Ast auf den Kopf, und er ist tot? Die Wirklichkeit dagegen können wir in einem Wort zusammenfassen: Jetzt!

Was aber *ist* »Jetzt«? Können wir »Jetzt« erfahren in seiner ganzen Fülle, mit allen Sinnen und jeder Faser unseres Körpers? Oder machen wir auch das »Jetzt« zu einem Traum, indem wir das, was ist, mit dem uns schon Bekannten vergleichen, es bewerten oder zurückweisen, weil es uns nicht gefällt?

In einem Zendo im alten Japan steht eine Nonne mit hocherhobenem Haupt inmitten einer Schar sitzender Mönche und richtet ihren klaren Blick auf den Mönch rechts außen, den in der letzten Reihe. Der würde vor Scham am liebsten in den Boden versinken. *So* verbindlich hat er das Ganze nicht gemeint; er hat für Eshun geschwärmt (die Schwärmerei ist ihm gründlich vergangen), und die Heimlichkeit des Ganzen hat seine Fantasie noch beflügelt. Wie kann diese Nonne seinen Traum so brutal ans Licht zerren?

Träume – das ist ein weiteres ihrer Merkmale – sind ausgesprochen lichtscheu. Wir wissen das von unseren Nachtträumen: Wenn wir sie nicht während des Erwachens sofort aufschreiben, lösen sie sich auf in Nichts. Deshalb werden wir auch kostbare Wünsche und Pläne im Anfangsstadium im bergenden Dunkel des Geistes bewahren; da dürfen sie noch eine Weile reifen, bevor sie das Licht des Tages auszuhalten haben.

Die Nonne Eshun aber ist nicht an Träumen interessiert. Von Liebe war die Rede, und ist nicht Liebe die beste Lehrerin für ein Sein im Jetzt? Wenn ich in den Augen des Geliebten versinke – wo ist da die Zeit? Ich erinnere mich nicht an vergangene Lieben, ich sehne keine zukünftigen herbei, ich bin im Hier und Jetzt voll und ganz präsent. Aber ich weiß nichts von meinem Präsentsein, ich weiß auch nichts von »mir« und »dir« und »mein« und »dein«. Die Zeit hält den Atem an, sie hat aufgehört zu existieren. *Dieser Augenblick* ist die Unendlichkeit – aber ich weiß nichts davon, denn ich selbst bin unendlich in ihm. Da ist nur Schauen und Leuchten, Lauschen und Atmen, Pulsieren und Vibrieren. Da ist kein Ich, das dieses Schauen, Leuchten und Lauschen erfährt.

Wenn es aber im Jetzt kein Ich gibt – wer sollte da etwas zu verbergen haben, und wo? Wer könnte sich schämen? Wer etwas zurückhalten, leugnen?

Liebe lässt uns »Intersein« erfahren, die wechselseitige Durchdringung alles Seienden. Die romantische Liebe ebenso wie die zu einem Lehrer, einem Kind, einem Kranken, einem Hilflosen, zu Vater und Mutter oder zu einem Tier.

Die Wirklichkeit

Viele Jahre lang haben wir unser Herz mit einer Rüstung umgeben, um es zu schützen. Wahrscheinlich hat es bereits ein paar Narben von unerwarteten Dolchstößen davongetragen: Wir wurden belogen, betrogen, verlassen, ausgenutzt, lächerlich gemacht. Das soll uns nicht noch einmal passieren, denken wir und legen uns von den Rüstungen, die zurzeit auf dem Markt sind, eine zu, die uns passt. »Misstrauen« vielleicht (eine beliebte Marke), »Stolz« (weitverbreitet), die sogenannte »Klugheit« (komplizierter Mechanismus) oder sogar »Häme« und »Wut«. Rüstungen aber sind teuer, und wir müssen uns fragen, ob wir uns diese Anschaffung überhaupt leisten können. Was kostet mich das Misstrauen? Es kostet mich meine Fähigkeit, vertrauensvoll zu sein und auf Neues zuzugehen. Einsamkeit ist der Preis, den wir für Stolz bezahlen, und Häme und Wut erzeugen gerade den Krieg, den wir (»Ich verteidige mich doch nur!«) befürchtet hatten.

Man kann sagen, dass der Preis für jede Art von Rüstung die Unfähigkeit ist, im Augenblick zu leben.

Zum Glück aber gibt es die Liebe, und die ist wie das Zen: Sie kümmert sich nicht um Barrikaden und wartet nicht darauf, bis wir unsere Scharniere geölt und das Visier ein wenig heraufgeklappt haben. Sie überfällt uns ohne Vorwarnung an irgendeinem Mittwochnachmittag um drei und ist da. Und mit ihr und der Seligkeit kommen genau die Schmerzen, die wir die ganze Zeit so klug vermieden hatten: das Bangen und Hoffen, die Missverständnisse, die jederzeit drohende Trennung. Und wir lernen unsere Lektion: In der Ekstase ist die Traurigkeit schon enthalten, und in der Traurigkeit die Seligkeit.

In der Erzählung »Der kleine Prinz« von Antoine de Saint-Exupéry begegnet der kleine Prinz mit dem weizenblonden Haar einem Fuchs, mit dem er spielen möchte. Der Fuchs jedoch erklärt ihm, er müsse erst gezähmt werden. Zähmen bedeute, sich einander vertraut zu machen, um einzigartig füreinander zu werden. Der kleine Prinz findet das interessant, und so lehrt der Fuchs ihn die behutsame Annäherung. Aber eines

Tages verlässt der kleine Prinz, der noch nicht gelernt hat zu lieben, den Fuchs. Der Fuchs ist traurig; was also hat er davon gewonnen, nun gezähmt zu sein? »Ich habe«, sagt der Fuchs zum kleinen Prinzen, »die Farbe des Weizens gewonnen.«

Jedes Weizenfeld wird ihn von nun an erinnern an die Liebe. Sie wurde erweckt durch einen kleinen Prinzen, aber sie ist nicht mit ihm fortgegangen. Die Liebe lebt weiter im Herzen des Fuchses, und sie braucht als Nahrung so wenig – nicht mehr als einen Blick am Abend auf das wogende Weizenfeld.

Jeder, der uns im Herzen berührt hat, ist unvergänglich. Auf der Ebene der Manifestationen mag er oder sie gegangen sein, zu anderen Menschen, in andere Länder, in den Tod. Aber etwas hat er in uns erweckt, und das gehört nun für immer zu uns. Vielleicht hat er mit seinem Interesse ein Talent in uns genährt, die Freude am Malen, Schreiben oder Kochen. Vielleicht hat er uns seine Freunde hinterlassen, ein Kind oder das Verständnis für uns vorher fremde Lebensbereiche. Und wir brauchen nicht mehr als einen Blick auf unser ganz persönliches »Weizenfeld«, um das scheinbar Verlorene in uns zum Leben zu erwecken.

Der Mönch in unserer Geschichte wollte sich nicht der Mühe unterziehen, jemanden zu zähmen. Er wollte, wie der kleine Prinz, ein wenig »spielen«, und als das Spielzeug sich entzog, empfand er das vermutlich als Beleidigung seines Egos. Und so verpasste ein junger Mann in einem kleinen Zendo das Sein im Jetzt um Haaresbreite – und den Moment, in dem er hätte erwachen können.

Die Geschichte vom Löwenzahn

Ein Zen-Schüler hatte einen Blumengarten angelegt, in dem neben schönen Blumen nach kurzer Zeit auch Löwenzahn wuchs. Der

Schüler rupfte den Löwenzahn aus und besprühte ihn mit Unkrautvernichter, aber der Löwenzahn kam immer wieder. Verärgert suchte er eines Tages eine Zen-Meisterin auf, die auch Meisterin der Gartengestaltung war, und trug ihr das Problem vor. Sie hörte aufmerksam zu, und als der Schüler geendet hatte, sagte sie: »Nun, dann schlage ich vor, du lernst den Löwenzahn zu lieben.«

Jeder von uns hat in seinem geistigen Garten mindestens einen Löwenzahn. Das mag der Nachbar sein, der ständig Streit sucht, oder die Schwiegermutter, die sich in unsere Ehe einmischt. Vielleicht ist es eine Verpflichtung, der wir nicht entrinnen können, oder eine unheilbare Krankheit. All unsere Versuche, den Löwenzahn loszuwerden, scheitern.

Kleine Prinzen mit blondem Haar zu lieben ist leicht. Aber unsere Liebe bewährt sich erst in der Nicht-Unterscheidung. Solange wir auswählen, wen oder was wir lieben wollen und wen nicht, sind wir in der Dualität gefangen. Wahre Praxis aber umfasst die »schönen Blumen« in und um uns herum ebenso wie das »Unkraut«. Von der Praxis mit dem Schwierigen und Störenden in unserem Leben handelt die nächste Geschichte, die Geschichte vom Mörder Angulimala.

Neu beginnen

Die Geschichte von Angulimala, dem Mörder

Eines Tages kam der Buddha auf seiner Pilgerfahrt wieder einmal in die Stadt Savatthi. Er hatte die Stadt schon viele Male besucht, aber so wie diesmal hatte er sie noch nie erlebt. Die Straßen waren wie ausgestorben, die Fensterläden verschlossen. Er klopfte vergeblich an verschiedene Türen; nachdem ihm endlich eine Tür geöffnet wurde, erfuhr er von dem ängstlichen Bewohner, der berüchtigte Mörder Angulimala sei in der Stadt, ob der Buddha nie von ihm gehört habe? Er schneide jedem, den er getötet habe, einen Finger ab und hänge sich die Finger als Kette um den Hals, was ihm noch größere Macht verleihe. Zwanzig Polizisten hätten den Wald durchsucht, und nur zwei von ihnen seien lebend wieder herausgekommen. Jetzt habe König Pasenadi ein Heer Soldaten ausgeschickt, um Angulimala zu fangen.

Der Buddha bedankte sich für die Auskunft und setzte seinen Almosengang fort. Es dauerte nicht lange, da hörte er hinter sich den Klang von raschen Schritten. Eine Stimme rief: »He, Mönch, bleib stehen!« Der Buddha tat, als habe er nichts gehört, und ging ruhig weiter. Neben ihm erschien eine wilde, zerlumpte Gestalt und brüllte ihn an: »Ich habe dir befohlen, stehenzubleiben! Warum hast du es nicht getan?« Der Buddha sagte: »Angulimala, ich bin schon vor langer Zeit stehengeblieben. Ich habe aufgehört damit, Taten zu begehen, die anderen Wesen Leid bringen. Angulimala, wir müssen Liebe für alle Wesen entwickeln.«

Der andere rief aufgebracht: »Aber warum sollte ich die Menschen lieben? Sie sind grausam. Ich werde nicht eher ruhen, bis ich auch den letzten getötet habe.«

Der Buddha sagte: »Die Grausamkeit der Menschen entsteht aus ihrer Unwissenheit, aus Hass, Begierde, Neid und Eifersucht. Du solltest innehalten und den Weg der Liebe gehen.«

»Es ist zu spät«, sagte Angulimala. »Es ist nie zu spät«, sagte der Buddha. »Gelobe, neu zu beginnen und anderen zu dienen.«

Angulimala war so bewegt von den Worten und der Erscheinung des Buddha, dass er gelobte, den Weg des Hasses zu verlassen.

Eines Tages tauchte König Pasenadi in Savatthi auf, begleitet von einer großen Kompanie Soldaten. Er war noch immer auf der Suche nach dem gefährlichen Mörder Angulimala. Hinter dem Buddha stand ein Mönch namens Ahimsaka, der für seine besondere Güte bekannt war. Der Buddha deutete auf diesen Mönch und sagte: »Dies ist Angulimala.«

König Pasenadi erschrak zutiefst. Aber nachdem er sich davon überzeugt hatte, dass Angulimala sich tatsächlich vollständig verwandelt hatte, dankte er dem Buddha für seine Lehre. Er erkannte, dass es dem Buddha gelungen war, den Hass eines Menschen in Mitgefühl zu verwandeln, während er, König Pasenadi, mit einem ganzen Heer Soldaten nichts ausgerichtet hatte.

Grausamkeit

Wenn wir tief in unsere Gesellschaft hineinblicken, werden wir erkennen: Angulimala lebt mitten unter uns. Allerdings hat er sich unseren heutigen Sitten angepasst, und so könnten wir ihn leicht übersehen. Er trägt Businessanzug oder Jeans und lebt irgendwo im Dickicht unserer Städte, wo wir ihm täglich begegnen, ohne ihn hinter seiner Tarnung gleich zu erkennen. Das macht ihn gefährlich. Die Methoden, mit denen Angulimala heute mordet, sind sehr fein. Die Menschheit hat sich ja angeblich seit der Lebenszeit des Buddha weiterentwickelt, und Angulimala mit ihr.

Der Wirtschafts-Angulimala beispielsweise ermordet durch geschickte Transaktionen kleine Firmen, die er sich dann in feindlicher Übernahme einverleibt. Der politische Angulimala zerstört mithilfe von klug lancierten Gerüchten und Lobbyarbeit den Ruf seines Konkurrenten so gründlich, dass dieser sein Mandat für den begehrten Posten zurückzieht. Der Familien-Angulimala lässt seine Kinder intellektuell, finanziell und körperlich verhungern: Da werden die Kinder sexuell und psychisch in vielfältiger Weise missbraucht, oder es wird ihnen die ersehnte Ausbildung unmöglich gemacht. Es gibt sogar spirituelle Angulimalas, die ihren Schülern untersagen, Vorträge anderer Lehrer zu besuchen, und spirituelle Entwicklungen in den ihnen Anvertrauten aus Konkurrenzgründen nicht anerkennen.

In den wenigsten Fällen fließt bei solchen Taten Blut, und deshalb nennen wir diese Angulimalas nicht Mörder; was sie tun, heißt heute Missbrauch, Mobbing, Intrige, Unterdrückung oder Ausbeutung. Wenn die Tarnung besonders gut gelungen ist, heißt Angulimalas Treiben vielleicht sogar Lehre, Erziehung, Religion, Politik. Diese Bezeichnungen verschleiern, dass hier tatsächlich etwas ermordet wird: nämlich Arbeitsplätze, Ansehen, Kreativität, Lebensfreude, Entwicklungschancen und die Einzigartigkeit jedes Wesens.

Wer mit einem Angulimala konfrontiert wird, steht vor einer der schwierigsten Fragen in seiner Praxis: Wie kann ich mich gleichzeitig vor ihm schützen, ihn von seinem Tun abhalten und ihm als Mensch dennoch gerecht werden? Kann uns die Haltung des Buddha da einen Hinweis geben, eine Hilfe sein?

An jenem Nachmittag in der Stadt Savatthi flieht der Buddha nicht in das nächstbeste Haus, sondern tut, als der Mörder ihn erreicht hat, etwas Erschreckendes: Er bleibt stehen. »Stehenbleiben« bedeutet, innezuhalten, nachzudenken, in uns und die Situation hineinzuspüren. Wir lassen uns nicht von unserer gewohnheitsmäßigen Energie des Davonlaufens bestimmen, aber auch nicht von der des Kämpfens. Wir halten inne, um uns zu sammeln und aus unserer Stille heraus zu verstehen, was da eigentlich geschieht.

Als Nächstes hört der Buddha zu, ohne Angulimala zu unterbrechen. Auch der haarsträubenden Behauptung Angulimalas, es sei sein Recht, Grausamkeit mit Grausamkeit zu vergelten, widerspricht er nicht. Er sieht sich einer mörderischen Wut gegenüber, diese Wut muss erst einmal beruhigt werden.

Was der Buddha hier also als erste Maßnahme empfiehlt, ist schlicht und einfach Verständnis für den Angreifer. Er wurde zwar angebrüllt, brüllt aber nicht zurück. Er mustert den Mann nicht von oben bis unten und vergleicht nicht wortlos mit seinem abschätzigen Blick dessen schmutzige Hosen mit seiner eigenen makellosen Robe. Er tadelt nicht die respektlose Ansprache und entfernt nicht angewidert die Mörderhand von seinem mönchischen Arm.

Wie reagieren *wir* auf die zahlreichen Formen von Grausamkeit, die uns im täglichen Leben begegnen? Sind wir nicht wie König Pasenadi und schicken voll Empörung unsere Truppen aus, um uns und die Menschheit vor den Übeltätern zu schützen? Ich sah einmal ein Fernseh-Interview mit dem Vertreter einer verdienstvollen Umweltorganisation. Die Organisation wollte auf eine Firma aufmerksam machen, die ihre Chemikalien in einen Fluss leitete; tausende Fische waren gestorben. Der junge Mann sah mit glühenden Augen in die Kamera und rief, seine Organisation werde diese Leute vernichten und zerstören, genauso, wie sie die Fische zerstört hätten!

Der Buddha dagegen hält inne und schaut sich erst einmal ganz genau an, wen er da vor sich hat.

Radikales Mitgefühl

Hass, Begierde, Neid und Eifersucht sind die Geistesgifte, die alle Angulimalas zu ihren Taten bewegen. Und deshalb können wir sagen, dass die Angulimalas dieser Welt leiden, auch wenn ihnen das häufig nicht bewusst ist.

Wahrscheinlich kennt jeder von uns mehrere Menschen, die die Welt durch den Schleier ihres Leidens hindurch sehen und deshalb überall Missbrauch, Verrat und Gewalt wittern. Fast immer haben Menschen sie belogen und betrogen, und jetzt sind Menschen für sie bedrohlich, was ihnen häufig gar nicht bewusst ist. Sie fühlen sich nicht zu Hause in sich selbst, also suchen sie, wo immer sie sind, Verbündete, die ihnen die Illusion von Geborgenheit geben; auf diese Weise sind viele Gruppierungen, Parteien, Kirchen und wirtschaftliche Organisationen entstanden. In Gemeinschaften versuchen diese Menschen grundsätzlich, die Macht an sich zu reißen, um nicht noch einmal das Gefühl der Ohnmacht aushalten zu müssen. Ihr Leiden hat eine enorme Sprengkraft; ein einziger leidender Mensch kann eine Gruppe von zwanizig Menschen unglücklich machen. Und ich habe die Erfahrung gemacht, dass jede künstlerische, politische und spirituelle Gruppe mindestens einen Angulimala hat.

Wie also sollen wir uns verhalten? Wie können wir Angulimala helfen, ohne uns selbst in Gefahr zu bringen? Ich legte die Frage einmal in Plum Village Sister Annabel vor, einer englischen Nonne, die heute Leiterin der Praxis ist in dem von Thich Nhât Hanh gegründeten Europäischen Institut für Angewandten Buddhismus in Waldbröl. Sister Annabel sagte zu mir: »Wenn wir auf etwas, das ein anderer tut, auch nur im Leisesten mit Angst, Wut oder Traurigkeit reagieren, haben wir nicht genug Mitgefühl. Wenn wir radikales Mitgefühl haben, wissen wir immer, was zu tun ist. Nimm dies als dein *Koan*.«

Radikales Mitgefühl – was war das denn? Es war offensichtlich nicht das, was ich die ganze Zeit empfunden hatte: Diese Mischung aus Verständnis, Angst und Sorge und das Grübeln darüber, wie ich den Angulimalas helfen könnte, ihre Schmerzen zu heilen. Ich tat also, was ich früher als Schülerin des japanischen Zen getan hatte: Ich »schluckte« mein *Koan* hinunter, damit es an mir arbeitete und mir eine Lösung präsentierte.

Einen Tag später fiel mir, scheinbar zusammenhanglos, eine Begebenheit ein. Bei meinem ersten Besuch in Plum Village zehn Jahre zuvor hatte ich eines Abends einen Spaziergang gemacht, als plötzlich aus dem Nichts ein Hund hervorgeschossen kam, die Zähne fletschte und mich anbellte. Er blieb fünf Schritte vor mir stehen und sah aus wie ein bewaffneter Krieger. Es war ein schöner Hund, mit seidigem Fell in der Farbe von Sahnebonbons. Warum glaubte er, ich sei sein Feind? Hatten Menschen ihn geschlagen und getreten? Ich ging behutsam in die Knie, streckte im Zeitlupentempo die Hand aus und flüsterte Koseworte. Meine Worte sollten die Erinnerung an die Misshandlungen auslöschen und ihm versichern, dass der Mensch nicht sein Feind sei. Dass er ein wunderbarer Hund sei, der geliebt und respektiert werden würde, wenn er den Mut hätte, seine Verteidigungshaltung aufzugeben. Dann, flüsterte ich ihm zu, könnte ich näherkommen und dich hinter den Ohren kraulen. Alle Hunde lieben es, hinter den Ohren gekrault zu werden.

Er war so verblüfft, dass er mitten in seinem Bellen innehielt, das Maul weit offen. Misstrauen in den Augen. Als ich mich aufrichtete, drehte er sich um und jagte davon.

Da war es gewesen, das radikale Mitgefühl! Ich kannte es sehr wohl und wusste, wie es sich anfühlte. Ich hatte es nicht nur erfahren an einem Hund; immer wieder hatte es in meinem Leben einen Moment lang aufgeleuchtet. Denn das radikale Mitgefühl hat nichts zu tun mit dem Sich-Sorgen um einen anderen und dem, was wir für ihn tun, und auf gar keinen Fall ist es dasselbe wie Mitleid, das immer etwas Herablassendes hat und häufig aus dem Ego kommt. Es entsteht vielmehr aus der völligen *Abwesenheit* unseres Egos.

Und so stand der Buddha an jenem Nachmittag alleine mit dem Mörder Angulimala auf der Straße der Stadt Savatthi, die Kette mit den abgesäbelten Menschenfingern vor Augen, und sah mit einem Blick, wen er vor sich hatte: einen »bissigen Hund«, der so lange geschlagen worden war, bis er glaubte, der Mensch sei sein Feind.

Die Praxis des radikalen Mitgefühls ist nicht leicht, unser Ego mag sie gar nicht. Vielleicht sind wir deshalb geneigt, die Geschichte von Angulimala als naiv zu bezeichnen, um uns der Zumutung, diese Haltung zu kultivieren, nicht aussetzen zu müssen. Die großen spirituellen Lehrer allerdings praktizieren alle diese Haltung; so naiv kann sie also doch nicht sein. Der Dalai Lama hat die Größe, selbst den Angulimalas in der internationalen Politik mit radikalem Mitgefühl zu begegnen, und bezeichnet die Chinesen als seine wichtigsten Lehrer: In der Konfrontation mit ihnen sei er geradezu gezwungen, Mitgefühl zu entwickeln. Mahatma Gandhi schaffte es, ein ganzes Volk Ahimsa zu lehren, den gewaltfreien Widerstand gegen die Kolonialmacht. Und als Thich Nhât Hanh mit seiner Gruppe in den 1970er Jahren die berühmt gewordene Aktion für die Boatpeople startete, verlor er nie die Haltung der Sanftheit und des Mitgefühls, auch nicht der UN gegenüber, die ihm seine Arbeit schließlich verbot. (Diese und weitere politische Aktionen von Thich Nhât Hanh werden geschildert in dem lesenswerten Buch »Aus Liebe zu allen Wesen« von Chân Không.)

Wenn wir Intersein erfahren haben, können wir die Trennung zwischen uns und den anderen nicht mehr aufrechterhalten. Wir wissen, dass unser Frieden vom Frieden des anderen abhängt. In einem tiefen spirituellen Sinn sind wir für die Mörder in unserer Gesellschaft kollektiv verantwortlich, sowohl für ihr Auftreten als auch dafür, ihre Zerstörungswut zu transformieren. Denn wir alle haben den Samen der Gewalt in uns, und Angulimala ist im Grunde eine Manifestation unseres Geisteszustands.

Ich erinnere mich an einen Sommertag in Saanen im Berner Oberland. Ich saß in einem großen Zelt und lauschte einem Vortrag von Jiddu Krishnamurti. Ein Merkmal seiner Vorträge war die tiefe Stille, in der sie stattfanden. Krishnamurti pflegte lange Pausen zwischen seine Worte zu legen, Pausen, in denen er seine Augen über unsere Gesichter schickte, als suche er etwas in uns: Das Zeichen, dass wir seine Botschaft verstanden hatten, die Botschaft der absoluten, ungeteilten Gegenwärtigkeit. Während seine Augen uns erforschten, saßen wir eingehüllt in den Gesang der Vögel; irgendwo weit in der Ferne bellte vielleicht ein Hund, und Vögel und Hund waren Teil der Stille im Zelt, waren wie wir eingebettet in einen Raum der lautlosen, vibrierenden Präsenz.

An jenem Sommertag geschah etwas. Aus einer der hinteren Reihen erhob sich eine Frau und beschimpfte Krishnamurti unflätig auf Englisch. Sie versuchte, sich zur Bühne vorzudrängen, ein paar Menschen hielten sie auf, und da begann sie zu schreien. Es war kein menschlicher Schrei, sondern das Heulen eines wilden Tieres, das hinter Gittern lebt und sich nach Freiheit sehnt. Die 500 Menschen im Zelt gaben keinen Laut von sich. Ein paar Menschen begleiteten die unentwegt Schreiende hinaus.

Krishnamurti hatte sich auf der Bühne nicht gerührt. Die Stille nach dem Schrei hatte eine andere Qualität als die Stille vor dem Schrei. Es war jetzt eine jederzeit bedrohte Stille und vielleicht sogar eine bedrohliche. Krishnamurti schwieg viele Minuten. Dann sagte er: »Das ist der Zustand des menschlichen Geistes.«

Hatten wir angenommen, mit dieser verwirrten Frau nichts zu tun zu haben? Krishnamurti machte uns mit einem Satz klar, dass wir alle Tiere sind, die hinter Gitterstäben heulen, weil wir unsere grundlegende Freiheit noch nicht erkannt haben. Nur ein paar günstigen Umständen hatten wir es zu verdanken, dass wir uns in jenem Moment von der Stille nicht so bedroht gefühlt hatten, dass unsere Verzweiflung aus uns herausgebrochen war. Ich habe nie erfahren, wer die Frau in der hinteren Reihe war. Heute glaube ich, sie war eine Bodhisattva, eines jener erleuchteten Wesen, die uns aus der Tiefe ihres Mitgefühls zum Erwachen führen wollen. Sie hat mir eine Frage hinterlassen, und ich lege auch Ihnen diese Frage ans Herz: »Weißt du, wie dein eigener Schrei klingt?«

Der Angulimala in uns

Wir alle haben einen Angulimala in uns, der uns verfolgt. Wir haben ihn nur deshalb noch nicht als Mörder unseres inneren und äußeren Friedens identifiziert, weil uns die Psychologie mit anderen Namen für ihn versorgt hat. Wir nennen ihn Eifersucht, Neid, Wut oder Angst. Wie viel Freude hat unsere Eifersucht bereits ermordet, in uns und anderen? Was hat unser Neid angerichtet mit seinen Intrigen, wie viele Verletzungen hat unsere Wut erschaffen, welche Entwicklungen und Entfaltungen in uns und anderen hat unsere Angst verhindert?

Solchen Fragen stellen wir uns nicht gern. Aber wir können den inneren Angulimala auf Dauer so wenig ignorieren wie den, der uns im Alltag begegnet. Vielleicht haben wir ein paar Ablenkungsmanöver entwickelt, die bisher gut funktionierten. Wenn uns heiße Angulimala-Energie überfällt, gehen wir joggen, trinken ein Glas Wein oder rufen unsere Freundin oder die Therapeutin an in der Hoffnung, das Reden würde uns von der Energie befreien. Der Buddha dagegen empfiehlt eine andere Haltung: Er bleibt stehen und schaut Angulimala an. Was sieht er?

Er sieht verfilztes Haar, in dem die Läuse wimmeln. Schmutzverkrustete Haut, Fingernägel wie Krallen, blutunterlaufene Augen, eiternde Wunden. Er folgert daraus, dass sich hier jemand lange nicht gewaschen hat. Dem Geruch nach zu schließen, lebt der Mann in den Wäldern; also ist er, aus welchen Gründen auch immer, aus der Gemeinschaft der Menschen herausgefallen. Die Kette aus Menschenfingern um den Hals verrät ihm, dass er jemanden vor sich hat, der zutiefst verunsichert ist. Der Grausamkeit für Stärke hält und die vermeintliche Stärke jedem demonstrieren muss, um sich sicher zu fühlen.

Was sehen wir, wenn wir uns dem Angulimala in uns zuwenden? Wir spüren, wie unser Magen sich zusammenkrampft, unsere Kehle sich verengt, unser Schweiß ausbricht, unser Herz zu hämmern beginnt. Aus der heißen Energie steigen Gedanken auf nach Rache und Kampf. Wir schauen einem fabelhaften Schauspiel zu, es hat antike Größe, seine Helden sind Ritter, Räuber, Gladiatoren, Sieger und Besiegte. Und das gesamte Personal samt der Arena sind wir selbst.

Finden wir irgendwo »Eifersucht«, »Neid«, »Angst«? Sind da nicht nur Bewegung, Prozess, ein unablässiges Kommen und Gehen von Geisteszuständen? Gerade weil es in unserem Geist nichts Bleibendes gibt, konnte der Buddha auf der

Straße in Savatthi zu Angulimala sagen: »Es ist nie zu spät. Gelobe, neu zu beginnen.«

Jeder Augenblick ist neu

Achtsamkeit ist die Praxis des unablässigen Neubeginns. Denn was zeichnet *diesen* Augenblick aus gegenüber dem, der soeben vergangen ist? Es ist ein *neuer* Augenblick. Wenn wir gelernt haben, innezuhalten und zu unserem Atem zurückzukehren, können wir klar erkennen: Ein neuer Augenblick ist da. Und ich habe die Wahl, ihn frisch und völlig neu zu erleben.

Das Erwachen findet in jedem Augenblick statt, wenn wir es nur zulassen.

Der Buddha an jenem Nachmittag in Savatthi hielt Angulimala keinen moralisch verbrämten Vortrag. Er forderte keine lebenslange Gefängnisstrafe, keine Therapie und entwarf kein Umerziehungsprogramm. Er zog Angulimala vielmehr in den Raum seines eigenen erwachten Seins hinein und gab ihm so die Möglichkeit, die Verklammerung mit seinem Ego loszulassen. Und genau dies ist die tiefe Botschaft des Zen. Vergiss jeden Gedanken an deine »Änderung« oder gar »Verbesserung«, sagt das Zen. Diese scheinbaren Schritte auf einem scheinbaren Weg in der historischen Dimension sind nichts als das Entfernen der zahlreichen Schleier, die zwischen dir und der Wirklichkeit hängen. *Wer* sollte hier ändern und verbessern, und *wen*? Wenn wir diese Fragen radikal stellen, können sie auf dieselbe Weise wirken wie Buddha Shakyamunis Gegenwart auf Angulimala wirkte: Sie schleudern uns aus der historischen Dimension in die transzendentale. Und das kann in jedem Augenblick und immer wieder geschehen.

Wenden wir uns noch einmal der Frage zu, wie wir uns vor den zahllosen Angulimalas schützen können. Wir dürfen auch in dieser Frage nicht die transzendentale mit der historischen Dimension verwechseln. Das Zen fordert uns nicht auf, lieb und nett zu sein, wenn uns jemand missbraucht, oder im Angesicht von himmelschreiender Ungerechtigkeit von Mitgefühl zu säuseln.

Die Geschichte von der Zen-Schülerin und dem Räuber

Eine Zen-Schülerin kam eines Tages verstört zu ihrem Meister und berichtete, ein Räuber habe sie auf dem Weg zum Zendo überfallen und ihr die Tasche entrissen. »Wie hast du reagiert?«, erkundigte sich der Meister interessiert. »Ich habe die Augen geschlossen und dem Räuber in Gedanken mein Mitgefühl geschenkt«, sagte die Schülerin stolz.

»Es ist gut, Mitgefühl zu praktizieren«, bemerkte der Meister. »Aber ich hätte es besser gefunden, wenn du dem frechen Kerl deinen Schirm auf den Kopf gehauen hättest.«

Manchmal ist es gut, einem anderen den Schirm auf den Kopf zu hauen. Manchmal muss man jemandem deutlich die Meinung sagen, ein Unrecht vor tausend Zuhörern anprangern, eine Petition bei der UN einreichen. Und manchmal ist es am besten, man nimmt seine Beine in die Hand und läuft davon, so schnell es geht.

Denn das radikale Mitgefühl ist eben deshalb so radikal, weil es *alles* Seiende umfasst, und zu allem Seienden gehören auch wir selbst. Es ist geradezu unsere Pflicht als spirituell Praktizierende, gut auf uns selbst zu achten, denn wir und unsere Praxis sind unverzichtbar für die Welt. Bitte schreiben Sie sich diesen Satz auf einen Zettel und heften Sie ihn an einen Platz, an dem Sie ihn täglich mehrere Male lesen können: »Ich bin wichtig für die Welt.« Nicht das Ich, das wir als unser Ego bezeichnen, ist wichtig – sondern der einzigartige Ausdruck des Allganzen, der wir im Tiefsten sind. Es ist nicht egal, ob wir leben oder tot sind, ob wir praktizieren oder nicht.

Der Dalai Lama nennt die mangelnde Selbstachtung westlicher Menschen das größte Hindernis für unser Erwachen. Viel Verwirrung ist bei der Vermittlung der Lehren durch östliche Lehrer entstanden, die dies nicht erkannten und den Schwerpunkt ihrer Lehre auf die Überwindung der Selbstsucht legten. Seit vielen Jahren begleite ich Menschen auf dem spirituellen Weg, und die wenigsten von ihnen waren selbstsüchtig. Dagegen finde ich viel Unsicherheit, Zweifel und das Gefühl einer alles durchdringenden Nutzlosigkeit. Die Botschaft des Buddha aber ist eine freudige: Jeder hat Buddhanatur und wir alle sind bereits erleuchtet, wir wissen es nur nicht.

Können wir, wenn wir das nächste Mal jemandem »den Schirm auf den Kopf« hauen, dies aus unserer Buddhanatur heraus tun? Ohne einen Gedanken an Rache, ohne Wut? Einzig motiviert davon, das verderbliche Tun des anderen zu stoppen, der, wenn er damit fortführe, das Ganze schädigen würde? Wir wissen ja, warum er so geworden ist, wie er ist: aus »Unwissenheit, Hass, Begierde, Neid und Eifersucht«. So wird unser Schirm – der auch ein deutlicher Satz, ein Brief, eine klare Handlung sein kann – zum Kyosaku, dem Stock des Meisters, der niedersaust, um den Schüler zum Erwachen zu bringen.

Meinungen, Wissen oder Gewissheit?

Die Geschichte von den Blinden und dem Elefanten

Eines Tages erzählte der Buddha seinen Mönchen folgende Geschichte:

Ein König lud einige Blinde aus seinem Reich ein und bat sie, den im Palastgarten stehenden Elefanten zu berühren und zu beschreiben. Der eine betastete die Beine und sagte entschieden, ein Elefant sei wie eine Säule. Der nächste hatte den Rüssel in der Hand und ließ ihn schnell wieder los, denn er war davon überzeugt, ein Elefant sei wie eine Schlange. Der dritte, der die Ohren zu fassen bekam, verglich den Elefanten mit einem Futterkorb; der vierte ergriff den Schwanz und sagte, ein Elefant sei wie ein Staubwedel.

Als sie sich hinterher zusammensetzten und darüber diskutierten, was denn nun ein Elefant sei, kam jeder zu einem anderen Ergebnis, und sie verstrickten sich im Nu in einen heftigen Streit.

»Mönche«, sagte der Buddha, »auch ihr seht und hört nur einen winzigen Teil der Wirklichkeit. Haltet niemals diesen Teil für das Ganze. Wenn ihr an euren Auffassungen haftet, werdet ihr nie die Wahrheit erkennen.«

Meinungen

Sind nicht auch wir Blinde, die nichts von ihrer Blindheit wissen? Halten nicht auch wir das, was *unsere* Augen sehen und *unsere* Ohren hören, für die einzige Wirklichkeit? Weil aber jeder von uns anders sieht und hört, stimmen unsere Auffassungen selten überein, und wenn wir nicht so weise sind zu begreifen, dass jeder von uns nur einen Teil des Ganzen wahrnimmt, sind wir auf der Stelle in einen Streit verstrickt.

Natürlich hat jeder von uns Meinungen über dies und das. Meinungen entstehen aus einem komplexen Zusammenspiel von Wahrnehmungen, Entscheidungen und den Werten und der Qualität unserer Umgebung, unserer Familie, unseres Landes, unserer Zeit. Da sie entstehen, können sie auch vergehen; sie sind organischer Natur, wachsen, verändern sich, sterben. Unsere Sprache aber weiß besser als wir, dass wir uns über ihren veränderlichen Charakter nicht im Klaren sind: Wir behaupten, eine Meinung zu »haben« wie einen Besitz, und sind deshalb nur mühsam dazu zu bewegen, sie »aufzugeben«. Wir halten unsere Meinungen für richtig und bemerken nicht, dass jede Meinung aus der Wahrnehmung eines winzigen Teiles des Universums besteht und nicht die einzige Wahrheit ist.

Die entscheidende Frage jedoch ist: Gibt es reines Gewahrsein, ein Schauen, das nicht zu einer Meinung führt?

Ich war einmal Gast in einem Meditationshaus, und als ich in den Zendo kam, sah ich, dass das Bild des Meisters schief an der Wand hing. Ich registrierte »das Bild hängt schief«, verneigte mich vor meinem Kissen, setzte mich und versank in Meditation. Eine Woche lang nahm ich das Bild nicht mehr wahr. Als ich ein paar Monate später wiederkam und den Zendo wieder betrat, sah ich, dass das Bild immer noch schief hing. Und jetzt wurde meine Wahrnehmung einer Tatsache – »das Bild hängt schief« – blitzschnell von einer entschiedenen Meinung überlagert: »Also, das hätten sie in der Zwischenzeit wirklich gerade rücken können!« Was war zwischen der ersten Wahrnehmung und der zweiten passiert? Der zweite Blick auf das schiefe Bild weckte die Erinnerung an den ersten; etwas in mir, unbemerkt von meinem Ich-Bewusstsein, verglich im Bruchteil einer Sekunde den zweiten Blick auf das Bild mit meinem ersten und kam zu dem Urteil, hier seien wohl ziemlich inkompetente Leute am Werk: Wollen mir was über Achtsamkeit erzählen und bemerken noch nicht mal, dass ein Bild schief hängt …

Immer wieder werden wir vor die Aufgabe gestellt, Wahrnehmung von Meinung und Urteil zu trennen. Innezuhalten und zu atmen, anstatt sofort das Neue in die alten Kategorien einzuordnen. Können wir bei einer Wahrnehmung verweilen, ohne dass sich störende Gedanken einmischen? Können wir die Bescheidenheit und echte Neugier haben, die schlichte Frage nach dem *Wie* zu stellen und die nach dem *Was* und dem *Warum* auf später zu verschieben? *Wie* sieht das aus, *wie* fühlt sich das an, *wie* klingt es? *Wie* drückt jemand sich aus, *wie* spricht sein Körper? Das *Was* ist zwar manchmal offensichtlich und deutlich, greifbar und scheinbar unmissverständlich, aber die tiefe Botschaft liegt immer im *Wie*.

Wenn wir die Zeitspanne der Wahrnehmung dehnen, werden wir bemerken, wie schnell wir unseren inneren Kommentar zum Wahrgenommenen abgeben wollen. Dann ist der Rüssel des Elefanten nicht mehr schrumplig, sich rollend und windend, mit einem Durchmesser von zehn Zentimetern, sondern eine »Schlange«. Und wir erschrecken vor dem Etikett, das wir dem Ding selbst gegeben haben, und ergreifen die Flucht.

Wenn wir davon überzeugt sind, etwas zu kennen oder zu wissen, haben wir die Lebendigkeit und Frische des Augenblicks verloren – und damit unsere Gegenwärtigkeit und die Gelegenheit, in diesem, genau *diesem* Augenblick zu erwachen! So viele Elefantenrüssel aller Art bieten sich täglich an, von uns entdeckt zu werden, aber wir, ängstlich und vorsichtig und lustlos, vergleichen sie mit dem bereits Bekannten. Und werden nie verstehen, wie viel wir dabei versäumen.

Das Zen fordert uns auf, unsere Meinungen über das, was ist, aufzugeben, um stattdessen selbst zu *sehen*, zu *hören*, zu *fühlen*. Immer wieder fallen wir aus unserer Gegenwärtigkeit heraus, und immer wieder kehren wir zurück zu unserem Atem und zu einer Haltung, die Shunryu Suzuki »Anfängergeist« genannt hat: Wir sehen, hören und fühlen das, was uns umgibt, zum allerersten Mal. Können wir ein Gänseblümchen betrachten, als hätten wir nie eins gesehen? Können wir die Vollkommenheit in seiner Winzigkeit sehen, die zarte, puderige, gelbe Sonne in der Mitte, aus der diese perfekt geformten Blütenlöffelchen wachsen? Und das eine Löffelchen hat ein kleines Loch!

Sehnsucht

In unserer Gesellschaft hat Wissen einen hohen Stellenwert. Mit Wissen meinen wir im Allgemeinen Kenntnisse, vor allem Spezialkenntnisse, die uns befähigen, in einem bestimmten Beruf eine Position mit gutem Gehalt einzunehmen. Wir bemühen uns also, unsere Kinder auf gute Schulen zu schicken und ihnen eine fundierte Ausbildung zu ermöglichen, damit sie kompetente – und somit auch gut verdienende – Lehrer, Ärztinnen, Schreiner und Gärtnerinnen werden. Da die meisten von uns, wenn wir uns nicht in ein Kloster zurückziehen möchten, in irgendeiner Form ihren Lebensunterhalt verdienen müssen, sind berufliche Kenntnisse schlicht eine Notwendigkeit.

Jetzt kann es aber sein, dass wir nach Jahren erfolgreicher oder erfolgloser Arbeit eine merkwürdige innere Leere verspüren. Irgendetwas scheint zu fehlen. Wir haben eine nette Familie, Haus, Garten und Hund. Wir könnten noch weitere zwanzig oder vierzig Jahre so leben; leidlich zufrieden, wenn auch von seltsamen Zeiten der Unruhe und Traurigkeit heimgesucht. Perioden, in denen wir spüren, dass wir in unserem Haus mit dem schönen Garten im Grunde nicht zu Hause sind. Wir suchen etwas – oder ist es ein Etwas, das uns sucht? Wir beginnen uns zu fragen, wo unser wahres Zuhause ist. Wenn wir jetzt unser Fragen nicht mit vorschnellen Antworten beruhigen, kann unser Leben in einem einzigen Augenblick eine völlige Wendung nehmen.

Ich glaube, dass die Blinden im Palast des Königs blind waren und blieben, weil ihnen die Sehnsucht fehlte.

Von Sehnsucht ist im Buddhismus höchst selten die Rede. Wir finden sie bei den Sufis und den christlichen Mystikern als Sehnsucht nach Gott oder dem »Geliebten«, während der Buddhismus mit seiner Betonung von Gleichmut und Nicht-Anhaftung eher sehnsuchtsfeindlich ist. Mir scheint sogar, es ist das Ideal vieler westlicher Schüler des Buddha, unbehelligt von solch aufwühlenden Gefühlen durchs Leben zu schreiten, in einem lauwarmen Zustand des Weder-noch, den sie in ihrer Ängstlichkeit mit dem Mittleren Weg verwechseln. Aber wovon war der junge Prinz Siddhartha bewegt, wenn nicht von Sehnsucht? Er sehnte mit aller Leidenschaft des Herzens und des Willens einen Zustand herbei, in dem das Leiden überwunden wäre. Und es war seine leidenschaftliche Sehnsucht, die ihm die Kraft gab, diesen Zustand zu verwirklichen.

Kein Kunstwerk wird erschaffen, kein Kind gezeugt, kein Erwachen realisiert ohne die Sehnsucht. Und das Gefühl, in dieser Welt voller Leiden und Verzweiflung nicht zu Hause zu sein, ist keine Neurose, die geheilt werden müsste, sondern ein Zeichen von Lebendigkeit und Gesundheit.

Ich erinnere mich an einen heißen Sommertag; ich war fünf Jahre alt, meine Mutter und ich machten einen Mittagsschlaf. Da wachte ich auf (das ist jetzt keine Metapher), und nichts war mehr wie vorher. Das Fenster stand weit offen, irgendwo in den Gärten verbrannte jemand Reisig, und der Duft nach brennenden Zweigen, die Hitze und das flimmernde Licht schleuderten mich in eine andere Welt. Ich trug geringelte Söckchen, und diese altbekannten Söckchen waren auf einmal unfassbar schön und leuchtend. Ich sah, dass das schäbige Zimmer, in dem wir nach dem Krieg untergekommen waren, in Wirklichkeit voller schimmernder Schätze war, ein Tempel. Und meine schlafende Mutter war eine Schönheit, trotz der Sorgenfalten um ihre Augen. Etwas in mir wusste mit absoluter Sicherheit, dass dies hier die Wirklichkeit war und die sogenannte Welt eine Lüge. Ich ahnte allerdings auch, dass mir das niemand glauben würde. Jahrelang ging ich, ohne jemandem ein Wort davon zu sagen, mühelos von der »einen Welt« in die »andere«. Als sich jedoch im Alter von zwölf Jahren die unsichtbare Tür auf einmal schloss, fand ich mich in einem diffusen Alltagsgrau wieder, mit dem ich mich auf keinen Fall abfinden konnte.

Wer einmal eine Zehenspitze in sein wahres Zuhause setzen durfte, kann gar nicht anders, als sich nach diesem Zuhause zu sehnen. Heute blicke ich voller Zärtlichkeit auf das fünfjährige dünne Mädchen mit den Zöpfen, das in einem heißen deutschen Nachkriegssommer auf dem gemieteten durchgelegenen Bett sitzt und noch nicht weiß, dass die Sehnsucht, diesen Augenblick wiederzufinden, ihre Begleiterin sein wird. Ihre Sehnsucht wird viele Gesichter haben, wird leidenschaftlich, sanft, demütig sein und manchmal klar und stark wie ein großer, seit Anbeginn der Zeit gewachsener Baum. Ihre Sehnsucht wird ihr eine gute Begleiterin sein.

Nehmen wir an, Sie haben Ihrer Sehnsucht erlaubt, Ihre Begleiterin zu werden. Wohin wird sie Sie führen? Vielleicht in einen christlichen Kontemplationskurs, ein Sufi-Camp, ein buddhistisches Retreat, in den Vortrag eines Rabbi. Und auch wenn in der einen Veranstaltung von Gott und dem Heiligen

Geist gesprochen wird, in der nächsten vom Geliebten, in der dritten von der Leerheit – eines werden Sie in jeder dieser ehrwürdigen Traditionen tun müssen: Ihr so mühsam angesammeltes weltliches Wissen in einem wie auch immer gearteten geistigen Vorraum ablegen, bevor Sie über die Schwelle treten in eine »andere Welt«, die sich als völlig neue Art zu sehen, zu hören und zu empfinden erweisen wird.

Die Geschichte von der vollen Tasse

Ein Universitätsprofessor besuchte einmal einen Zen-Meister, weil er mehr über Zen erfahren wollte. Er erläuterte dem Meister lang und breit, was er bereits wusste, und begann dann Fragen zu stellen. Der Meister bemerkte, es sei Zeit, eine Tasse Tee zu trinken, und goss den Tee in die Tasse seines Besuchers. Er goss und goss, bis der Tee überlief.

Der Professor konnte es nicht mehr mit ansehen und rief: »Aber so hören Sie doch auf! Die Tasse ist voll, es geht nichts mehr hinein!«

»So voll, wie diese Tasse ist«, sagte der Meister, »ist auch Ihr Geist. Wenn ich Ihnen Zen zeigen soll, müssen Sie vorher Ihre Tasse leeren.«

Gewissheit

Die Blinden in unserer Geschichte waren Menschen, deren Tassen zu voll waren. Sie wussten etwas über Schlangen, Futterkörbe, Säulen und Staubwedel; ihr Wissen war schneller als ihre Hände, deren eingeborene Weisheit keinen Raum hatte, sich zu entfalten. Es fehlte diesen Blinden aber auch die Kraft der Sehnsucht, die alles vorschnelle Wissen hätte hinwegfegen können in ihrem Wunsch, das Ganze zu begreifen. Kein einziger dieser Männer kam auf die Idee, den Elefanten zu umrunden oder um eine Leiter zu bitten, um hinaufzusteigen und zu erfahren, wie hoch dieses Ding eigentlich ist. Sie gaben sich mit einem winzigen Ausschnitt der Wirklichkeit zufrieden und hatten nicht das Geringste begriffen von dem Wunder namens »Elefant«.

Geben nicht auch wir uns vorschnell zufrieden mit einem kleinen Fortschritt auf unserem Weg, einer kleinen Befriedigung, einer winzigen Einsicht? Mit der relativen Gelassenheit, der stabileren Gesundheit, der größeren inneren Stille, die wir durch unsere christliche, jüdische, buddhistische oder sufistische Praxis gewonnen haben? Aber das wahre Anliegen der großen mystischen Traditionen geht weit über diese kleinen Ziele hinaus: Sie verbinden uns mit der uns verloren gegangenen anderen Hälfte des Seins und schenken uns somit die Ganzheit, die Heilung, das »Heil«.

Wenn wir einmal einen Blick in die transzendentale Dimension werfen durften, haben wir fortan etwas, das mehr ist als Wissen: Wir haben Gewissheit. Es wird keine Fotos geben von dem, was wir gesehen haben, wir werden es nicht wissenschaftlich untersuchen und deshalb auch niemandem beweisen können. Wenn wir davon zu sprechen versuchen, wird man uns vermutlich belächeln, verspotten, zurechtweisen. Und doch wird die Gewissheit uns begleiten, sie wird uns schützen in den auch uns bevorstehenden Dunkelheiten und uns tragen, wenn alle weltlichen Sicherheiten zusammenbrechen sollten – und wir wissen ja, dass in der Welt »alles vergänglich ist« und es keine Sicherheit gibt. Ohne diese Gewissheit würde die buddhistische Lehre uns vielleicht nihilistisch erscheinen und uns kühl, distanziert und emotionslos machen. Jetzt aber haben wir erfahren, dass es den Zustand jenseits des Leidens tatsächlich gibt.

Während meiner Weiterbildung zur Initiatischen Therapeutin habe ich Menschen getroffen, die eine spirituelle

Erfahrung gemacht und aus der Welt des Lichts in eine Welt tiefer Dunkelheit gefallen waren. Es war das Verdienst von Karlfried Graf Dürckheim, diesen Menschen in seinem Zentrum in Todtmoos-Rütte einen Ort zu geben, an dem ihre spirituellen Erfahrungen nicht nur verstanden und begleitet, sondern geradezu mit Freude willkommen geheißen wurden. Die Übung des Zen wurde hier auf selbstverständliche Weise mit westlicher Tiefenpsychologie, Philosophie und Mythologie verbunden. Unsere Gäste – oft jahrzehntelang innerlich allein mit ihrer kostbaren Erfahrung, verunsichert, von ihrer Umgebung beargwöhnt und nicht selten gegen ihren Willen in die Psychiatrie gebracht – sahen sich eingebettet in einen großen geistigen Zusammenhang, in dem ihre Erfahrung endlich den Stellenwert bekam, der ihr zustand: Als ein Blick in das wahre Zuhause des Menschen.

Ich sah in Rütte aber auch, wie gefährlich spirituelle Erfahrung sein kann, wenn sie nicht sorgfältig in das gewöhnliche Leben und in den eigenen Körper integriert wird. Nach jeder tiefen Erfahrung kehren wir unweigerlich zurück in die historische Dimension, in der wir unseren Lebensunterhalt verdienen, Beziehungen unterhalten und gesund bleiben müssen. Jetzt brauchen wir unsere tägliche Praxis des Sitzens, Gehens und Atmens, um uns zu stabilisieren. Wir brauchen aber auch Wissen und Urteilsfähigkeit, Intellekt und Klugheit. Gewissheit (die Erfahrung der transzendentalen Dimension) ist ohne Wissen (das Meistern der historischen Dimension) unvollständig und manchmal sogar gefährlich.

In einem altchinesischen Text heißt es, dass für den Zen-Schüler zu Beginn seiner Praxis der Fluss ein Fluss ist und der Berg ein Berg. Dann realisiert der Schüler das Erwachen und stellt fest, dass der Fluss gar kein Fluss ist, der Berg gar kein Berg. Bleibt der Schüler aber bei dieser Erkenntnis nicht stehen und praktiziert immer weiter, kommt er in das, was »der

Eine Grund« genannt wird. Dann ist der Fluss wieder ein Fluss, der Berg wieder ein Berg.

Und doch wird der Fluss nicht mehr derselbe Fluss, der Berg nicht mehr derselbe Berg – und der Schüler nicht mehr derselbe Mensch sein.

Die Kunst des Lebens

Die Geschichte vom Flötenspiel

Eines Tages machte der Buddha Rast in einem kleinen Wald. Die Mittagssonne stand hoch über den Baumwipfeln, aber im Schatten war es angenehm frisch, und schnell war der Buddha in stille Meditation versunken. Da hörte er auf einmal rasche Schritte. Eine Gruppe junger Männer bahnte sich einen Weg durch das Unterholz, einige von ihnen trugen Musikinstrumente. Sie fragten den Buddha, ob er eine junge Frau gesehen habe; sie sei, während die Männer schliefen, mit all ihren Juwelen auf und davon gegangen.

Der Buddha hatte niemanden gesehen und lud die jungen Männer ein, sich ein wenig zu ihm zu setzen und ihm etwas auf der Flöte vorzuspielen, was einer der Musiker nach längerem Zögern auch tat. Es war ein trauriges Lied, und der Flötist, der mit seinen Gedanken bei den gestohlenen Juwelen war, brach es ab und fragte den Buddha, ob nicht er etwas spielen wolle. Der Buddha lächelte, nahm die Flöte und spielte.

Auf einmal begann der ganze Wald zu leuchten und zu klingen. Die Vögel schienen schöner zu singen, die Sonne vergoldete die Blätter, und von den jungen Männern fielen alle Sorgen ab. Zum ersten Mal fühlten sie sich wahrhaft glücklich.

Schönheit

Auch wir stolpern immer wieder durch unser Leben auf der Suche nach etwas, das uns wertvoll erscheint und das wir verloren haben. Welches sind unsere Juwelen, die wir ein Leben lang gesammelt und gehütet haben? Vielleicht ist es das ererbte Porzellan, die Briefmarkensammlung, das schöne Haus mit der herrlichen Aussicht, die Partnerin, um die uns alle beneiden, die Position hoch oben in einer wie auch immer gearteten Hierarchie. Nichts fürchten wir mehr, als unsere Juwelen zu verlieren, aber vermutlich wird genau das passieren. Jemand steigt während unserer Abwesenheit durchs Fenster und stiehlt die Sammlung, jemand verbaut uns die schöne Aussicht, jemand bekommt unsere Position, und unsere Partnerin verlässt uns. Wir rennen kopflos herum und versuchen, unsere Juwelen wiederzubekommen. Erstatten Anzeige, schalten Detektive ein, setzen Belohnungen aus. Aber vielleicht haben wir Glück, und uns begegnet mitten im Wald unserer Verwirrung jemand, der uns freundlich auffordert, ein Weilchen neben ihm Platz zu nehmen und ein wenig Flöte zu spielen.

Wenn wir glauben, unsere Juwelen bestünden in irgendeiner Form von äußerem Besitz, haben wir das Leiden eingeladen, sich in unserem Leben einzunisten. Dinge und Menschen sind unkalkulierbar; weil sie gekommen sind, können sie auch jederzeit wieder verschwinden. Deshalb ist es ein Geschenk, jemandem oder etwas zu begegnen, der oder das uns an unser wahres Juwel erinnert: an unser Zuhause, an den Zustand jenseits von Kommen und Gehen, jenseits von Geburt und Tod. Es sind vor allem die Natur und die Kunst, die uns an etwas erinnern, das wir verloren haben und wiederfinden wollen.

Kunst, wenn sie wahre Kunst ist, kommt aus der transzendentalen Dimension des Seins. Und ein Künstler, der ein wahrer Künstler ist, taucht während seiner Arbeit ein in die Transzendenz. Solche Musik, Malerei, Dichtung, solch Schauspiel oder solcher Tanz hat die Kraft, in den Hörern, Lesern und Zuschauern Transformation zu bewirken. Wenn wir ein

Gedicht von Rilke lesen oder eine Sonate von Bach hören, berührt uns etwas, das »nicht von dieser Welt« ist, und unsere Sorgen erscheinen auf einmal nichtig. Eine CD zu hören, ein Konzert oder eine Ausstellung zu besuchen, eine Erzählung zu lesen ist weit mehr als eine kurzfristige Ablenkung von dem, was uns belastet: Kunst ist, wenn sie Schönheit erschafft, Nahrung für unseren Geist und damit für unser ganzes Sein.

Was aber ist Schönheit? Findet nicht der eine dies, der andere jenes schön; mag nicht einer die Üppigkeit, die lebhaften Farben, der andere die ästhetische Kargheit, das Schwarz und Weiß? Dies ist ein Buch über die Kunst des achtsamen Lebens, und so möchte ich hier von meiner eigenen Definition von Schönheit sprechen, die nicht unbedingt mit dem Schönheitsbegriff professioneller Kunsthistoriker, Musikkritiker oder Fachleute anderer Art übereinstimmt.

Schönheit im Äußeren ist das, was uns an unsere innere Schönheit, an unser wahres Wesen, erinnert und sie nährt. Dies kann mit ganz unterschiedlichen Mitteln geschehen. Die Schönheit eines Kunstwerkes ist nicht süßlich und zeigt vor allem keine falsche Harmonie, und so kann ein Künstler es als notwendig erachten, die tief in Schlaf versunkenen Menschen mithilfe seiner Darstellung aufzurütteln, zum Innehalten zu bewegen, zu provozieren. Eine Künstlerin, die sich als Dienerin der Transzendenz begreift, tut dies aber nicht, weil sie gerade Lust hat, jemanden anzuschreien, sondern weil sie weiß, welch große Verantwortung für das Ganze sie mit ihrem Zugang zu öffentlichen Medien hat.

Kunst ist ein Ausdruck von Intersein: Künstlerin und Betrachter, Autor und Leserin oder Komponistin und Hörerin sind nicht getrennt – sie treffen sich gemeinsam in jenem transzendentalen Raum, aus dem das Kunstwerk genährt und inspiriert wurde und der nun durch das Kunstwerk hindurchscheint. Schönheit ist eine Einladung zum Erwachen.

Meine Definition von Kunst und Schönheit wurde sehr von den Zen-Künsten geprägt. Zwei Jahre lang übte ich Shodo, den Weg des Pinsels. Einmal in der Woche fuhr ich mit der überfüllten U-Bahn in einen Münchner Vorort, stieg in den Lift in einem der gesichtslosen Hochhäuser, wanderte einen Gang von unfassbarer Hässlichkeit entlang, um ganz am Ende von einem kleinen Japaner in sein winziges Reich aus Licht und Leere gebeten zu werden. Kokugyo Kuwahara besaß nicht mehr als ein paar Tatami-Matten, einen kleinen Altar und seinen zusammengerollten Futon hinter einem Paravent; im Bad hingen seine Kimonos auf einer Leine über der Badewanne. Eine Stunde lang gab es nichts Wichtigeres zu tun als Tusche anzureiben, den Pinsel einzutunken, zu atmen und das Zeichen, das mein Lehrer mir vorgeschrieben hatte, nachzuschreiben. Noch einmal und noch einmal. So lange, bis jedes Härchen meines Pinsels exakt seinen Pinselstrichen folgte und jede meiner auf dem Papier nur allzu sichtbaren Eigenwilligkeiten verschwunden war. Wenn ich zurückfuhr in die Stadt, mit der wieder überfüllten U-Bahn, leuchtete der Himmel über München auf einmal, und selbst der Gestank nach Auspuffgasen am Mittleren Ring störte nicht meine Gelassenheit.

Ein weiteres Jahr meines Lebens wurde genährt von Chanoyu, der Teezeremonie. Ich lebte damals in Rom und machte mich einmal in der Woche auf eine Reise quer durch die Stadt, in deren Verlauf ich zweimal den Bus wechseln und anschließend fünfzehn Minuten gehen musste bis zu einer Ansammlung kasernenartiger Wohnhäuser, wo irgendwo im zweiten Hinterhof in einem der oberen Stockwerke Professoressa Michiko Nojiri die Urasenke Teeschule leitete. Ich trat in meine Welt aus Licht und Leere ein, zog weiße Socken und einen Kimono an und übte, eine Serviette zu falten, eine Teeschale auszuwischen und mit einem Bambusbesen das grüne Teepulver aufzuschäumen. Noch einmal und noch einmal, bis jede meiner

Bewegungen wenigstens andeutungsweise von Anmut, Ehrfurcht, Harmonie und Stille sprach (falls ich nicht wieder einmal über den geliehenen und zu langen Kimono gestolpert war).

Die Aufgabe von Kunst ist es meines Erachtens, die Menschen an ihre wahre Heimat zu erinnern. Diese Welt sollte allerdings nicht *dargestellt* werden (dann haben wir Kitsch, keine Kunst), sie muss vielmehr, und das ist viel schwerer, im Hörer, Betrachter und Leser erweckt werden. Um sie jedoch kraft der Kunst erwecken zu können, muss der Künstler, wenn auch vielleicht nur ahnungsweise und zeitweise, selbst in ihr zu Hause sein.

Schönheit in den Zen-Künsten ist nie laut und aufdringlich, sie ist schlicht und geradezu verborgen, und vor allem wirkt sie nicht fertig und abgeschlossen, sondern unvollkommen: Zen-Kunst spricht nicht aus, sondern deutet an. Denn erst im Herzen des Betrachters vollendet sich die wahre Schönheit eines Haiku, einer Kalligrafie, einer Einladung zum Tee. Wie viel Achtung und Achtsamkeit liegt doch in der Haltung der Zen-Künstlerin, die weiß, dass nicht sie die Schöpferin dieser Schönheit ist, nur ihr Werkzeug. Sie weiß auch, dass die Schönheit nicht ihre persönliche ist, und jede Arroganz und jeder Geniekult wäre für eine Meisterin des Tees, einen Meister des Blumensteckens lächerlich. In jahrzehntelanger Arbeit haben sich diese Menschen geschult; sie haben ihren Eigenwillen der strengen Form untergeordnet und Raum geschaffen für das, was ich ihr wahres Wesen nennen möchte: ihre Ganzheit, die Verbindung von historischer Persönlichkeit und Transzendenz, die zusammen die Einzigartigkeit jedes Menschen ausmacht. Es ist ihr wahres Wesen, das mit müheloser Anmut eine Teeschale überreicht, mit sicherem Blick einen Zweig schneidet, spielerisch und ohne nachzudenken eine Tuschespur auf das Papier setzt. Und dennoch gleicht kein Blumengesteck, keine Kalligrafie, kein Haiku dem anderen.

Jeder Zen-Künstler ist ein Nachfahre des Buddha, der seinem wahren Wesen erlaubte, die Flöte zu spielen, und mit seiner Musik in den Menschen die Sehnsucht nach ihrem wahren Zuhause weckte.

Der Buddha war ein großer Künstler, und Schönheit war ihm ein Anliegen. Einmal betrachtete er von einem Hügel aus die im Tal liegenden Reisfelder und war so bezaubert von dem Muster, das sie bildeten, dass er anregte, in Zukunft die Roben der Mönche im Muster der Reisfelder zu nähen. Ein anderes Mal bemerkte er, dass einer seiner Mönche, der früher Goldschmied gewesen war, von der üblichen Meditation über die Unreinheit und Unvollkommenheit des Körpers deprimiert wurde. Der Buddha erkannte, dass er diesen Schüler nur über die Schönheit erreichen konnte, und schlug ihm vor, eine Lotosblume vor sich hinzulegen und über sie zu meditieren. Freudig tat dies der junge Mönch und erkannte am Welken der Blume die Wahrheit über die Vergänglichkeit.

Jeder Künstler möchte mit seiner Kunst andere Menschen erreichen, sie je nach Temperament aufrütteln, nähren, nachdenklich machen, erfreuen. In diesem Sinn sind auch spirituelle Lehrer Künstler, und wie diese suchen sie nach geeigneten Mitteln, die ihnen anvertrauten Schüler zu erreichen. Upaya heißt »geschickte Mittel« und ist ein wichtiges Werkzeug für jeden Lehrer. Wir im Westen wissen sehr gut, was mit Upaya gemeint ist, wir nennen es Kreativität.

Kreativität

Zen-Meister Nakagawa Soen war bekannt für seine ungewöhnliche Art des Lehrens. Er hielt, um seine Schüler an Anhaftungen zu hindern, seine Teezeremonie gelegentlich mit Kaffee oder Limonade ab, forderte mitten im Retreat seine Schüler zum Tanzen auf oder hielt Dokusan, das Lehrgespräch zwischen Meister und Schüler, in einem winzigen Zelt im Garten ab, wo seine Schüler zur Öffnung hineinkriechen mussten. Einmal weckte er während eines Schweige-Retreats einige seiner Schüler um Mitternacht auf, legte den Finger an die Lippen, ging mit ihnen die Treppe hinunter, blieb vor einem Fensterbrett stehen und bedeutete einer Frau, mit der Taschenlampe dorthin zu leuchten. Im Lichtstrahl erschien eine einzelne nachtblühende Blüte eines Kaktus, die sich soeben öffnete. Bis zum heutigen Tag erinnern sich diese Schüler voller Ehrfurcht an die nächtliche Geburt einer Blüte.

Bernard Glassman Roshi, der Gründer der Peacemaker Community, setzt sich gelegentlich eine rote Clownsnase auf und spielt den Narren. Er steht damit in der langen Tradition von Zen-Meistern, die mit ihren spontanen Einfällen ihren Schülern den Boden jeglicher Sicherheit entzogen, um sie zum Erwachen zu bringen. Und der amerikanische Lehrer John Daido Loori war ein hervorragender Fotograf und gab Seminare, in denen er Zazen mit Fotografie und Schreiben verband.

Wir alle sind Künstler und dürfen, sollen – ich behaupte sogar: wir müssen! – zum Wohl aller Wesen unsere innere Musik erklingen lassen, auch wenn wir nicht Flöte spielen können. Wir brauchen nicht damit zu warten, bis wir große Erfahrungen von Licht und Engeln und himmlischer Musik gemacht haben. Nein, wir fangen einfach an, Schönheit in unserem täglichen Leben zu erschaffen, denn – bitte vergessen Sie das nie – es gibt keine Trennung zwischen »Innen« und »Außen«.

Wie also erschaffen Sie Schönheit in Ihrer täglichen Umgebung? Und welche geschickten Mittel fallen Ihnen ein, diese Schönheit in anderen zu nähren?

Ein Sesshin irgendwo in Europa irgendwann im Winter. Ich sitze seit fünf Tagen und schaue an eine weiße Wand, wie vierzig andere Menschen auch. Wir alle tragen striktes Schwarz. Draußen liegt Schnee, gut 20 Zentimeter; eine Welt in Schwarz und Weiß. Es geht mir nicht gut in diesem Sesshin. Mir fehlt irgendetwas ganz schrecklich, es ist ein Gefühl wie Heimweh. Meine Welt aus Licht, mein Zuhause, scheint unerreichbar weit weg, hier in dieser schwarz-weißen Welt. Während der halben Stunde Gehmeditation im Garten komme ich an einem Rosenstrauch vorbei. Zwischen dem allgegenwärtigen Weiß leuchten drei übriggebliebene Hagebutten. Ein reines, warmes, leuchtendes Rot. Die Tür in mir springt auf, und das Licht ist da. Ich pflücke eine Hagebutte und lege sie zwischen mich und die Wand, und jedes Mal, wenn mein Blick auf sie fällt, bin ich zu Hause. Es war der Hunger nach Farbe, der mich deprimiert und die Tür verschlossen hatte.

Der Buddha, dieser kluge Lehrer, wusste genau, dass Menschen verschieden sind. Für einige ist es wichtig, dass ihnen zeitweilig alltägliche Freuden und Sinneseindrücke entzogen werden, weil sie sich gern im Schwelgen verlieren und dazu neigen, an Äußerlichkeiten zu haften. Für andere aber ist Schönheit so unverzichtbar wie das tägliche Brot, und das sind die heimlichen oder offiziellen Künstler, die Goldschmiede, Flötenspieler, Dichter, Tänzer und Maler: Menschen mit fein entwickelten Sinnesorganen, die hochsensibel auf Töne, Düfte und Farben reagieren.

Schönheit zu erschaffen, die unser wahres Wesen zum Leben erweckt, ist kein Luxus, im Gegenteil: Wer in einem diffusen Grau dahinlebt – und dieses Grau kann durchaus vollgestopft sein mit den angesagten Marken und den angeblich so unverzichtbaren Besitztümern –, berührt nie den tiefen inneren Frieden und die feine, von keinen Bedingungen abhängige Freude, die Teil unseres wahren Wesens sind. Wer sie aber nicht in sich selbst berührt hat, kann sie auch nicht ausstrahlen zum Wohle aller Wesen. Schönheit in diesem Sinn ist nicht kostspielig, man kann sie in den meisten Fällen nicht einmal kaufen, und sie ist wohl auch das Gegenteil von Üppigkeit (obwohl sie, vermutlich gerade wegen ihrer Schlichtheit, unseren inneren Reichtum erweckt). Sie ist gleichzeitig ganz konkret, indem sie ein Bedürfnis nach Farbe oder Klang erfüllt, und ein Schlüssel zu der unsichtbaren Tür, hinter der unser wahres Zuhause liegt. Dieser Schlüssel kann eine Hagebutte sein, ein am Flussufer aufgelesener Stein, eine kleine Figur von Avalokiteshvara, ein irgendwo gefundenes Gedicht, das wir neben unseren Spiegel hängen.

Wenn wir auf diese Weise mit Schönheit leben, wird sie uns nähren und erfüllen. Eines Tages werden wir so erfüllt sein, dass wir einfach überlaufen vor Schönheit, Frieden und Glanz und unsere ganze Umgebung damit berühren. Wir brauchen nicht Flötespielen zu lernen oder Malerin zu werden, um Künstler des Lebens zu sein. Und wir brauchen auch nicht Buddha, Jesus oder Mohammed zu treffen, um zu lernen, uns mitten im Wald unserer Verwirrung im Augenblick niederzulassen. Ich bin einigen wunderbaren Lehrerinnen und Lehrern begegnet; eine davon war Clarissa, meine römische Katze. Sie brauchte nicht erst »nach Hause zu kommen«, sie war angekommen in jedem Augenblick. Jedes genüssliche Dehnen ihrer Glieder, jede gelassene Weigerung, sich meinen menschlichen Zumutungen zu beugen, verrieten ihr reines Verweilen im Augenblick.

Ein weiterer meiner Lehrer ist der Flieder auf meinem Balkon. Ich hatte ihn als karges Bäumchen der violetten Sorte gekauft; als er blühte, erwies er sich als weiß. Er wurde mir als kleinwüchsig angepriesen und maß nach zwei Jahren zwei Meter vierzig. Im Sommer wird es ihm zu heiß, und er wirft alle Blätter ab, um im Herbst ein zweites Mal zu blühen. Er lebt sein Fliederleben in seinem eigenen, in keinem Gartenbuch verzeichneten Fliederrhythmus und schert sich nicht um meine Erwartungen. Er lehrt mich, alle Vorstellungen von »Flieder« loszulassen, um immer wieder zurückzukehren zu dem, was da auf meinem Balkon wächst: Herzförmige Blätter, dicht besternte Blütendolden, Erde von unersättlichem Durst und manchmal, in warmen Aprilnächten, ein zarter Duft wie aus dem Spalt der nur lose angelehnten Tür zu der Welt … Sie wissen schon.

Ich bin du, und du bist ich

Die Geschichte vom Artistenpaar

Eines Tages erschien im Kloster des Buddha ein Artistenpaar. Der Mann und seine kleine Tochter reisten durchs Land und verdienten ihren Lebensunterhalt mit akrobatischen Kunststücken. Bei einer ihrer Darbietungen balancierte der Vater eine hohe Stange auf der Stirn, während seine Tochter auf der Spitze der Stange einen Handstand machte. Der Vater sagte: »Meine Tochter, diese Kunststücke sichern unseren Lebensunterhalt, und so müssen wir gut aufeinander aufpassen. Ich muss auf dich aufpassen, damit du nicht herunterfällst, und du musst auf mich aufpassen, damit ich die Stange sicher halten kann.«

Die Tochter widersprach: »Nein, Vater«, sagte sie. »Du musst auf dich aufpassen, und ich muss auf mich aufpassen.«

Sie konnten sich nicht einigen und trugen dem Buddha den Fall vor. Der Buddha hörte beide an, wandte sich an seine Mönche und Nonnen und fragte: »Was meint ihr, wer von beiden hat recht?«

Die Versammlung rief: »Der Vater natürlich, der Vater hat recht!«

Der Buddha schüttelte den Kopf und sagte: »Dieses Mädchen ist zwar klein, aber weise, es hat recht. Wenn der Vater auf sich selbst achtet und in Ruhe und Harmonie ist, so ist das der beste Schutz für ihn selbst, seine Tochter und seine Umgebung. Wenn die Tochter auf sich und auf jeden ihrer Schritte und Handgriffe achtet, so ist das der beste Schutz für sie selbst und ihren Vater.«

Intersein

Die Lehre vom bedingten Entstehen, von Thich Nhât Hanh »Intersein« genannt, ist eine der wichtigsten Lehren des Buddha. Sie zeigt uns, dass die Phänomene der Welt keine eigenständige Existenz haben, sondern voneinander abhängig sind. Dies ist, weil jenes ist, und dies ist nicht, weil jenes nicht ist. Meinen Schreibtisch, an dem ich dieses Buch schreibe, gibt es, weil Regen, Sonne und Wind einen Baum haben wachsen lassen, der von Forstarbeitern gefällt und zersägt und von Schreinern zu einem Möbelstück verarbeitet wurde. Mich gibt es, weil es einen Sommertag nach dem Krieg gab, an dem eine schöne Frau einem imponierenden Mann in einer Cafeteria begegnete und sich in ihn verliebte. Das ist logisch und leicht nachzuvollziehen, und Beispiele dieser Art werden gerne verwendet, um Intersein zu erläutern. Aber all dies bleibt noch in der historischen Dimension stecken; Intersein in der transzendentalen Dimension dagegen hat eine völlig andere, revolutionäre Qualität.

Das Wissen um die subtilen Verbindungen zwischen allem, was ist und geschieht – dem »wechselseitigen Durchdrungensein alles Seienden« –, ist keine buddhistische Besonderheit; es war in alten Zeiten in West und Ost sehr viel weiter verbreitet als heute. Die Überlieferungen der Naturvölker zeigen uns ein enormes Wissen über die Zusammenhänge zwischen Natur und menschlichem Geist wie auch zwischen Mensch und Mensch, und Heiler und Schamanen scheinen fähig zu sein, in das Netzwerk der bedingten Entstehung einzutauchen und die gewonnenen Erkenntnisse zu kanalisieren, um sie in der historischen Dimension zu nutzen. Im Zuge unserer durchaus notwendigen Differenzierung und Individualisierung jedoch wurde dieses sogenannte »magische Denken« zunehmend verpönt, wozu leider auch die christlichen

Kirchen ihren Beitrag leisteten. Ich habe mit zahlreichen Menschen gesprochen, die mediale und heilende Fähigkeiten haben und sich nach vielen schmerzhaften Erfahrungen hüten, dies andere Menschen wissen zu lassen. Früher brannten unsere Hexen und Heiler auf dem Scheiterhaufen; heute werden Menschen mit heilerischer Begabung (ich werde noch darüber sprechen, dass wir alle solche Heiler sind) in der intellektuellen Presse, im Freundes- und Familienkreis oft lächerlich gemacht – und sie können von Glück sagen, wenn sie nicht zum Psychiater geschickt werden. Mir scheint, dass gerade in Deutschland, bedingt durch unsere politische Vergangenheit, eine große Angst vor dem »Irrationalen« herrscht. In Amerika, Osteuropa und in der Schweiz wird mit Begabungen dieser Art viel lockerer und mit größerer Neugier umgegangen, und in Italien gab es in den 1980er Jahren einen bekannten Nachrichtensprecher des Fernsehsenders Rai Uno, dessen heilerische Begabung in der Presse begeistert kommentiert wurde.

Warum aber, wenn Medialität anscheinend eine Erfahrung von Intersein bedeutet, tadeln gerade Zen-Meister jede Form von übersinnlichen, magisch anmutenden Erlebnissen in ihren Schülern und verweisen sie ungerührt auf das, was hier und jetzt geschieht? Sie tun es, weil solche interessanten Erfahrungen faszinierend sind und die Schüler davon abhalten, weiter zu gehen, mehr zu sehen, zu erwachen. Denn Medialität ist noch keineswegs Erwachen, und es ist auch nicht unbedingt dasselbe wie Spiritualität. Die tiefe Erfahrung von Intersein ist nämlich deshalb ein Schock, weil wir erkennen, welche Verantwortung wir als spirituelle Wesen in unserem ganz gewöhnlichen Alltag haben und wie selten wir bereit sind, diese anzunehmen.

Die Erfahrung, dass es mich als eigenständiges Wesen nicht gibt – und ich meine hier nicht das hübsche Gedankenspiel über meinen Schreibtisch und meinen Vater und meine Mutter –, verändert das Lebensgefühl vollständig. Als ich zum ersten Mal sah – klar, konkret und unwiderlegbar –, dass ich, ob mir das gefällt oder nicht, durch unsichtbare Fäden mit anderen Menschen verbunden bin, wusste ich nicht, wie ich mit dieser niederschmetternden Erkenntnis weiterleben sollte. Wie konnte ich gleichzeitig auf mich und alle anderen aufpassen? Kannte ich doch aus der therapeutischen Fachliteratur den Teufelskreis von Abhängigkeit und Co-Abhängigkeit, in dem Menschen einander kontrollieren und ständig die Grenzen des anderen verletzen und überschreiten. Durfte ich überhaupt noch in den Begriffen von Grenze und Abgrenzung denken, wenn es doch, wie ich gesehen hatte, keine Grenzen gab zwischen Menschen?

An diesem Punkt begegnete mir glücklicherweise die Geschichte vom Artistenpaar, die mir zeigte, dass es vollkommen ausreicht, auf mich selbst gut aufzupassen.

Unser alltägliches Leben ist kein geringeres Kunststück als der Handstand auf der Stange, und auch wir sind jederzeit in Gefahr, das Gleichgewicht zu verlieren. Termindruck, Geldprobleme, Meinungsverschiedenheiten, Müdigkeiten – wenn wir nicht gut auf uns selbst achten, verlieren wir die Balance und fallen in Depression, werden krank oder verschulden uns. Es gibt tatsächlich keine Trennung zwischen spiritueller und alltäglicher Welt, und alles, was wir in unserem Alltag zwischen Aufwachen und Zubettgehen tun, *ist* spirituell und wirkt sich unmittelbar auf alle und alles andere aus. In meiner Küche hängt über dem Herd ein Satz des Zen-Meisters Shunryu Suzuki: »Wenn du kochst, arbeitest du nicht nur am Essen. Du arbeitest an dir selbst. Du arbeitest an anderen.« In diesem Sinn ist Kochen eine zutiefst spirituelle Handlung, die, in Achtsamkeit ausgeführt, die Welt um eine Winzigkeit ins Gleichgewicht bringen kann.

Es gibt einen berühmten Ausspruch des Begründers der Gestalttherapie, Fritz Perls, der das Wesen seiner Therapierichtung in zwei kurzen Sätzen zusammenfasst: »Du bist du, und ich bin ich, und wenn wir uns zufällig begegnen, ist das wunderbar. Wenn nicht, kann man auch nichts machen.« Thich Nhât Hanh schrieb während eines Retreats für Therapeuten als Erwiderung darauf ein Gedicht, in dem es heißt: »Du bist ich, und ich bin du … Du hegst die Blume in dir, damit ich schön werde. Ich verwandle den Unrat in mir, damit du nicht leiden musst.«

Wie wirken diese beiden auf den ersten Blick scheinbar so unterschiedlichen Aussagen auf Sie? Fühlen Sie sich befreit oder eingeengt, wenn Sie hören »du bist du, und ich bin ich«? Fühlen Sie sich voller Liebe oder bekommen Sie Angst, wenn Sie hören »du bist ich, und ich bin du«? Ihr Gefühl zeigt Ihnen, wie Sie Ihren Geist ausrichten können, um Intersein wirklich zu begreifen und zu praktizieren. Denn es gibt Menschen, die eine Herzensöffnung erfahren, wenn sie ihr Ego loslassen und zu erkunden beginnen, wer »die andere Person«, »mein Nächster« ist. Aber es gibt mindestens ebenso viele Menschen, die auf der historischen Ebene Grenzverletzungen erfahren haben; für solche Menschen wäre die vorschnelle Ausrichtung auf andere geradezu Gift.

Sister Chân Khong sagte einmal zu mir, sie habe erst im Westen von Schülerinnen gehört, dass es hier so etwas wie sexuellen Missbrauch von Kindern gebe; sie sei darüber sehr betroffen gewesen. Ich kann nicht beurteilen, ob es in Asien solche Formen sexuellen Missbrauchs tatsächlich nicht gibt, möchte aber zu bedenken geben, dass er auch bei uns noch vor vierzig Jahren offiziell nicht vorhanden war. Man beginnt erst allmählich das wahre Ausmaß dieser tiefen Beschädigung zu erkennen. Jeder Mensch, der als Kind physisch und psychisch missbraucht wurde, hat eine Grenzverletzung erfahren. Sein oder ihr persönlicher Raum wurde nicht respektiert; die Folge davon sind eine Traumatisierung und eine amöbenhafte Vermischung mit anderen.

Menschen mit solchen Erfahrungen können die Angelegenheiten anderer oft nicht mehr von ihren eigenen trennen; sie fühlen sich häufig verantwortlich für alles, was um sie herum geschieht, und ihre Kraft läuft aus ihnen heraus wie aus einem Sieb. Für solche Menschen ist der Satz »ich bin ich, und du bist du« wie eine Offenbarung: Er gibt ihnen zum ersten Mal so etwas wie eine Identität. Denn nur, wenn wir ein Gefühl für unsere Identität auf der historischen Ebene haben, können wir uns, ohne hinweggefegt zu werden, dem transzendentalen Raum und unserer All-Verbundenheit öffnen. Dann sehen wir ganz klar und mit großer Freude: »Du bist ich, und ich bin du!« Und wir verstehen, dass es hier im Grunde um dasselbe geht: Wenn ich du bin, dann ist alles, was ich für mich tue, ein Tun für dich.

Das sollten wir wissen, bevor wir uns dem in der buddhistischen Schulung so wichtigen Begriff *Sangha* zuwenden.

Sangha

Buddha, Dharma und Sangha sind die drei Juwelen des Buddhismus; sie sind untrennbar miteinander verbunden. Dass wir Buddha sind, haben wir inzwischen vielleicht verstanden und Dharma in seinen vielen Aspekten wird uns durch die Lehrer oder Bücher nahegebracht. Was aber tatsächlich ist Sangha? Traditionell ist sie die monastische Gemeinschaft, die miteinander lebt und praktiziert; manchmal wird auch die Laien-Gemeinschaft als Sangha bezeichnet. Die Praxis in einer Gemeinschaft – ob im Kloster oder in einer Laien-Gruppe – ist ein gutes Übungsfeld, um unsere Wahrnehmungen, Konzepte und Reaktionen zu überprüfen.

In unserer Freiburger Intersein-Gruppe haben wir reichlich Erfahrung mit den Vorstellungen, Ansprüchen und Forderungen, die Menschen mit dem Thema Gemeinschaft verbinden. Immer wieder werden wir mit völlig unrealistischen Erwartungen an Nähe und Verbundenheit konfrontiert und müssen Projektionen zurückweisen, weil wir weder die gütigen, jederzeit verfügbaren Mütter und Väter sind, die jemand früher so schmerzlich vermisst hat, noch die bösen, strengen, unter denen ein anderer gelitten hat.

In einer Gemeinschaft geht es uns wie in einer Partnerschaft: Am Anfang zeigen wir uns von unserer besten Seite, aber diese Anstrengung können wir nicht lange aufrechterhalten. Früher oder später kommen unsere Verletzungen und Sehnsüchte ans Licht, und das ist gut so, denn jetzt können wir sie mithilfe der Gruppe annehmen, umarmen und loslassen. Eine gute Sangha gibt uns keineswegs das, was wir haben möchten. Sie ist keine Spielwiese für unsere Neurosen und Projektionen, sondern ein unbestechlicher Spiegel, in dem wir unsere Vorzüge und all unsere Ecken und Kanten betrachten können. Unseren Wunsch, eine besondere Rolle zu spielen (wir bieten gleich beim ersten Besuch in der Sangha an, die Glocke zu übernehmen); unsere Zaghaftigkeit (wir versinken fast im Boden, wenn wir gebeten werden, einen Text vorzulesen); unsere Überlegenheit (wir wissen nach dem ersten Blick in die Runde bereits, was hier alles falsch läuft, und teilen das zum Wohle aller gerne mit); unsere Gier und Anhaftung (wir müssen unbedingt, *unbedingt!*, die Sangha-Leiterin zweimal in der Woche anrufen, um über unsere Erlebnisse zu sprechen. Wehe ihr, wenn sie dann verhindert ist!).

All diese störenden Geisteshaltungen haben ihren Ursprung in unserem falschen Denken: Wir kümmern uns entweder um die Angelegenheiten der anderen (indem wir das Kommando übernehmen) oder wir erwarten, dass die anderen sich um uns kümmern (indem wir sie verantwortlich machen für die Erfüllung unserer Bedürfnisse). Was aber lernte das Artistenpaar vom Buddha? »Wenn du dich gut um dich selbst kümmerst, kümmerst du dich um den anderen.«

In einer Sangha gibt es Menschen aller Art. Jeder ist anders, jeder ist besonders. Und niemand muss sein wie der andere. Aber eins lernen alle, die dabeibleiben: dass es keine Grenzen gibt zwischen »mir« und dem »anderen«. Dass alles, was wir in der Gruppe sagen, tun und sogar denken (Gedanken können sehr laut sein!), jeden anderen beeinflusst. Da sitzt manchmal eine Person mit ihrer von zu Hause mitgebrachten unterdrückten Wut auf ihrem Kissen, und plötzlich werden alle unruhig, in der Küche fällt das Besteck auf den Boden, und das Mittagessen schmeckt nicht so richtig. Oder aber jemand kommt strahlend herein und lächelt alle an, und der Tag fließt mühelos dahin, die Stille ist nährend und die Gehmeditation voller Überraschungen. Thich Nhât Hanh pflegt zu sagen: »Beschwere dich nie über deine Sangha, mache dich selbst zu einem guten Sangha-Mitglied.« Das ist das Wunder, das die Verwandlung bewirkt, in jedem Zusammensein mit Menschen: Pass gut auf dich selbst auf, und dein Kunststück, das du mit anderen zusammen aufführen möchtest, hat große Chancen, zu gelingen!

Dies ist weder ein Ausdruck von Egozentrik noch von Gleichgültigkeit. Wir kümmern uns um uns selbst, gerade weil wir erfahren haben, dass unser gesamtes Sein einen Eindruck auf unsere Umgebung hinterlässt. Eindrücklich prägen wir Menschen, Tiere und Pflanzen einfach durch die Art und Weise, in der wir gehen, essen, sprechen, denken, handeln. Und diese so von uns mitgeprägte Umgebung wirkt wiederum auf uns zurück. Sehen Sie, wie subtil Intersein ist? Und welch eine wichtige, unverzichtbare Person gerade Sie sind in diesem Netz aus Beziehung?

Buddhistische Nonnen und Mönche praktizieren mit der Aussage »dein Körper gehört nicht dir«. Es ist nicht egal, ob du ihn mit Drogen vollpumpst, mit Rachegedanken vergiftest, durch Extremsportarten schädigst. Denn wenn es keine Trennung gibt, ist dein Körper auch der Körper deiner Schwester, deines Bruders – und ihr und sein Körper deiner. Was aber bedeutet es, mit dieser Gewissheit zu leben und sein Leben danach einzurichten? Es bedeutet, ein Heiler, eine Heilerin zu sein. Indem wir uns selbst heilen, wirken wir heilsam auf andere ein.

Wenn wir dies alles einmal gesehen haben, verstehen wir, dass auch Sangha im Tiefsten dasselbe ist wie Intersein. Und dass wir nicht in einem Kloster oder einer Gemeinschaft leben müssen, um Intersein zu praktizieren. Nein, wir sind immer, in jedem Augenblick, verbunden mit allem, was ist. Wenn uns das klar ist, können wir als Einsiedler in einer Hütte leben, auf dem Gipfel des Himalaya oder irgendwo in Nevada in der Wüste – und dennoch mit jedem Handgriff, jedem Schritt, jedem Gedanken für das Wohl aller Wesen arbeiten.

Einer, der sich aus der Gemeinschaft seiner Mitbrüder im Trappistenkloster zurückgezogen hatte, war der Mönch Thomas Merton. Es dauerte viele Jahre, bis sein Abt ihm die Erlaubnis gab, eine Hütte im Wald zu beziehen, wo er, in Gesellschaft der Waldtiere, Vögel und eines alten Ofens, seine wunderbaren Bücher schrieb. In einem spricht er von dem »Heiligtum der Subjektivität eines anderen«, das man nur betreten dürfe in Ehrfurcht, Zurückhaltung und Liebe. Und wir denken natürlich an den großen Lehrer Jesus, der sagte: »Liebe deinen Nächsten wie dich selbst«, und damit meinte er nicht, wir sollten erst unser Ego päppeln, bevor wir andere lieben können. Er meinte: Liebe den anderen *als* dich selbst, denn der andere und du, ihr seid tatsächlich eins.

Jetzt wissen wir das Wichtigste: Die Praxis von Intersein ist Liebe.

Vom Geben und Nehmen

Die Geschichte vom beschenkten Dieb

Zen-Meister Ryokan führte ein sehr einfaches Leben in einer kargen Berghütte. Eines Abends schlich sich während Ryokans Abwesenheit ein Dieb in die Hütte und fand beim besten Willen nichts, was er stehlen konnte. In diesem Moment kam Ryokan aus dem Wald zurück, entdeckte den Dieb und sagte: »Du Ärmster, jetzt bist du ganz umsonst gekommen! Aber du sollst nicht mit leeren Händen gehen. Hier, nimm meine Jacke und meine Hose!« Der verblüffte Dieb nahm die Sachen an sich und verschwand.

Nachdem er gegangen war, setzte Ryokan sich, nackt wie er war, vor die Hütte, sah in den Abendhimmel und seufzte. »Der arme Kerl«, sagte er zu sich. »Schade, dass ich ihm nicht diesen schönen Mond schenken kann.«

Genommen oder gestohlen?

Mit wem identifizieren wir uns, wenn wir diese Geschichte hören? Natürlich mit Ryokan. So großherzig möchten wir sein; vielleicht denken wir, dass wir im Grunde bereits so sind. Nun ja, unsere Hose würden wir zwar behalten, nach Möglichkeit auch die Jacke …

Nein, wir sind alle keine Diebe und vermutlich sind Sie, ebenso wie ich, noch nie bei Nacht und Nebel in ein fremdes Haus eingestiegen, um die Juwelen aus der Kommode zu rauben. Sie würden auch nie im Kaufhaus ein Paar Socken zu zahlen vergessen. Stehlen bedeutet, etwas zu nehmen, das nicht gegeben wurde. Der Nehmende ist Teil einer Beziehung, denn er braucht den Zweiten, der gibt, während der Stehlende so tut, als sei er allein auf der Welt. Der Dieb in unserer Geschichte war, als er Ryokans Hütte verließ, genau genommen kein Dieb mehr, sondern ein Beschenkter. Und eigentlich hätte er auch Gewissensbisse haben müssen, denn konnte er – der mit Sicherheit bekleidet auf seine Beutezüge ging – es verantworten, jemandem »das letzte Hemd« zu nehmen? Aber in seiner Gier handelte er, als gäbe es Ryokan nicht, und so verließ er die Hütte eben doch als der Dieb, der er vorher schon gewesen war.

Können wir, wenn wir dies bedenken, behaupten, wir hätten noch nie jemanden bestohlen? Wie oft haben wir jemandem die Zeit, die dieser uns nicht geschenkt hat, gestohlen, indem wir ihn mit Aufträgen beladen oder mit intimen Bekenntnissen überschüttet haben? Wie viel Kraft haben wir einem anderen schon geraubt, weil wir Streit mit ihm angefangen oder hinter seinem Rücken Gerüchte über ihn verbreitet haben? Auf subtile Weise dringen wir manchmal in den Raum eines anderen ein, um zu nehmen, was der andere gar nicht geben wollte – seine Aufmerksamkeit, seine Kraft, seine Unterstützung. Wir kümmern uns nicht um *seine* Wirklichkeit, sondern allein um unsere. Es findet keine Beziehung statt – wir haben »gestohlen«.

Ryokan dagegen, der große Menschenfreund, sitzt nackt vor seiner Hütte und möchte dem Dieb am liebsten den Mond schenken. Denn jeder Dieb ist ein »armer Kerl«, der glaubt, nicht genug zu haben und deshalb mehr will – mehr Hemden und Hosen, mehr Essen, mehr Anerkennung, Zuwendung und Beachtung. Es geht also um unsere vielfältigen Wünsche und Bedürfnisse, um ein Verwechseln der beiden miteinander – und um die Frage, was uns wirklich fehlt, wenn wir uns nehmen, was nicht gegeben wurde.

Der bereits erwähnte Abraham Maslow stellt fest: »Die meisten Neurosen bestehen, gemeinsam mit anderen komplexen Determinanten, aus unerfülltem Verlangen nach Sicherheit, Zugehörigkeit und Identifikation, nach engen Liebesbeziehungen, Respekt und Prestige.« Gilt das nicht auch für jede Form von Diebstahl? Unsere Gefängnisse sind voll mit Menschen, deren Verlangen nach Liebe und Respekt nicht erfüllt ist. Die internationale Terrorszene holt sich ihren Nachwuchs unter den Menschen, die sich nach Identifikation und Zugehörigkeit sehnen – die Inhalte und Ziele der jeweiligen Organisation sind, wie Studien belegen, dabei häufig zweitrangig. *Uns* betrifft das natürlich alles nicht; wir alle sind mehr oder weniger eingebettet in eine Familie, eine Nachbarschaft, einen Kollegenkreis, einen Verein, eine Kirche. Das ist doch Zugehörigkeit, da fühlen wir uns doch sicher und geborgen? Oder ist vielleicht auch unsere Definition von Zugehörigkeit problematisch?

Konsumieren

Im Jahr 1992 fand in Rio de Janeiro die erste Weltkonferenz für nachhaltige Entwicklung statt und verabschiedete die Agenda 21. Die Fragestellung – zusammengefasst im Begriff *nachhaltig* – war: Wie können Wirtschaft, Umwelt und Soziales global gesehen so in Einklang gebracht werden, dass wir nicht auf Kosten der Armen und nicht auf Kosten unserer Kinder und Enkel leben? Zehn Jahre später, im Jahr 2002, zog die zweite Weltkonferenz in Johannesburg Bilanz. Das Ergebnis war enttäuschend: Seit dem Erdgipfel in Rio hatte sich die globale Lage weiter verschlechtert. In den Jahren zwischen 1992 und 1999 stieg der Weltverbrauch an Energie um zehn Prozent. Bis 2020 wird der Verbrauch jedes Jahr um weitere zwei Prozent steigen. In den nördlichen Ländern leben 15 Prozent der Weltbevölkerung; sie sorgen für 56 Prozent des weltweiten Konsums. Im Jahr 2000 gab es zum ersten Mal genauso viele Menschen, die an Über- wie an Unterernährung litten: 1,1 Milliarden.

Die Agenda 21 weist uns darauf hin, dass *wir* mit unserem Verhalten hier und heute die Zukunft unserer Kinder erschaffen. So ist – mit über 2500 Jahren Verspätung – die Lehre des Buddha von der abhängigen Entstehung, dem Intersein, schließlich in der Politik angekommen. Warum aber war die Bilanz des zweiten Erdgipfels so enttäuschend? Warum haben all die Appelle, Statistiken, das weltweite Medieninteresse offensichtlich zu keinen Konsequenzen in unserem persönlichen Leben geführt? Was ist da falsch gelaufen?

Abraham Maslow bezeichnete das unerfüllte Verlangen nach Zugehörigkeit und Identifikation als eine wichtige Ursache von Neurosen. *Wo* aber fühlen wir uns zugehörig, *womit* identifizieren wir uns? Hat nicht für jeden von uns die Zugehörigkeit eine Grenze, sei es die der Familie, des eigenen Landes, der eigenen Kultur? Die buddhistische Lehre zeigt uns: Wir sind alle Neurotiker, denn wir verschließen uns vor der Erkenntnis der grundlegenden, umfassenden und unentrinnbaren Zugehörigkeit zu allem, was ist. Solange uns diese Erfahrung noch nicht zugänglich ist, sind wir in Gefahr, uns Zugehörigkeit über Konsum zu erkaufen, und das ist ein sehr feiner, nahezu unbewusst ablaufender Vorgang, der nicht nur unsere Töchter und Söhne mit ihrem Verlangen nach der gerade angesagten Turnschuhmarke betrifft.

Auf einem kleinen Tisch in meinem Flur liegt die abgeblühte Kapsel einer Lotosblume. Vor vielen Jahren wurde sie mir von einer Nonne in Plum Village geschenkt. Sie besaß nichts anderes – aber was hätte mehr sein können als die Kapsel einer Lotosblüte? In ihr ist ein reicher Sommer meines Lebens eingefangen mit seinen Libellen und Tempelglocken und den Gesprächen über das wahre Glück mit meiner Freundin, der Nonne. Das verschrumpelte Ding in meinem Flur ist ein Symbol, es erinnert mich an meine geistige Heimat.

Das *Symbolon* war im alten Griechenland ein Erkennungszeichen. Wenn zwei Freunde sich für längere Zeit trennen mussten, zerbrachen sie einen Ring oder ein Tontäfelchen in zwei Hälften. Jeder bekam eine Hälfte, und wenn sie einander wieder trafen, zeigten sie ihre Teile vor und fügten sie zusammen zum Ganzen. Ein Symbol also verweist auf die fehlende Hälfte, die für unsere Augen unsichtbar ist; dieses Fehlende gehört zu uns, wir sehnen uns nach ihm und fühlen uns erst ganz, wenn die unsichtbare Hälfte mit der sichtbaren vereint ist. Ein Symbol ist das Zeichen einer wie auch immer gearteten Transzendenz, und es ist ein Zeichen der Zugehörigkeit.

Können wir die Dinge, die wir haben wollen, einmal unter dem Aspekt ihres Symbolgehalts betrachten? Jede Frau, die sich ein neues Kleid kauft, weiß, dass sie nicht nur eine Hülle gegen Wind und Wetter sucht, sondern Schönheit, die sinnliche Sensation von Stoff, Farbe und Form oder einen ganz bestimmten und völlig neuen Ausdruck für sich selbst. Wofür stehen das Automodell, das wir wählen, die Nahrung, die wir zu uns nehmen? Zu wem oder was fühlen wir uns gehörig, wenn wir uns für dieses entscheiden und jenes verwerfen? Meine Wohnung zum Beispiel, die ich als üppig ausgestattet empfinde, ist in den Augen mancher Menschen leer. Sie wissen nicht, dass ich die Kapsel einer Lotosblüte besitze: Meine wahre Heimat ist ein geistiger Raum, in dem Lotosblumen blühen und Gespräche über das Glück wichtiger sind als Möbelstücke. Meine Wohnung ist der unvollkommene Ausdruck dieser Heimat, die unter Berücksichtigung der alltäglichen Notwendigkeiten und meines Sinnes für Ästhetik hergestellte sichtbare Hälfte.

Was also können wir hier und heute tun, um unseren Kindern eine lebenswerte, heile Umwelt zu hinterlassen? Sollten wir alle nur noch Rad und Bahn fahren, unsere Wohnungen mit Holz heizen, die Klimaanlagen abschaffen? Müssen wir, wie im Gandhi-Ashram, den Stoff für unsere Kleidung selbst spinnen? Es gibt, besonders in buddhistisch orientierten Gruppen, viele Diskussionen dieser Art, aber sie alle bleiben in Fragen des partiellen Handelns stecken. Mir scheint, die Agenda 21 ist deshalb gescheitert, weil wir nicht die geringste Ahnung von unserer wahren Größe und Bedeutung als menschliche Wesen haben.

Kennen Sie die Geschichte vom Regenmacher? Der Missionar Richard Wilhelm, Übersetzer des I Ging, ist dem Regenmacher in den 30er Jahren des letzten Jahrhunderts in China begegnet. In der Gegend, in der Wilhelm damals lebte, herrschte seit langer Zeit eine Dürreperiode. Die Feldfrüchte waren bereits zum größten Teil vertrocknet, das Vieh war am Verdursten. In ihrer Verzweiflung beschloss die Dorfgemeinschaft, als letzte Rettung den Regenmacher zu holen. Richard Wilhelm interessierte das sehr, und er beschloss, die Ankunft des Mannes mitzuerleben. Der Mann wurde mit allen Ehren in einem Wagen abgeholt, stieg aus, schnupperte missbilligend in die Luft und verlangte eine abgelegene Hütte und regelmäßige Mahlzeiten, die ihm vor die Tür gestellt werden sollten. Drei Tage lang wurde er nicht mehr gesehen, dann fing es nicht nur an zu regnen, es schneite sogar, was in diesem Teil des Landes ungewöhnlich war.

Richard Wilhelm war sehr beeindruckt, suchte den Mann in seiner Hütte auf und fragte ihn, wie er Regen und Schnee machen könne. »Ich habe den Regen und Schnee nicht gemacht«, sagte der Mann. Richard Wilhelm beharrte darauf, es habe schließlich nach langer Dürrezeit geschneit. »Ach so«, sagte der Mann, »das kann ich erklären. Sehen Sie, dort, wo ich herkomme, sind die Menschen in Ordnung, sie sind im Tao, und deshalb ist auch das Wetter in Ordnung. Als ich hierher kam, sah ich, dass die Menschen hier nicht in Ordnung sind und mich damit ansteckten. Also zog ich mich zurück, bis ich wieder in Ordnung war, und dann schneite es natürlich.«

Der Regenmacher von Kiang Tschou verfasste in seiner abgelegenen Hütte keine Resolutionen, erstellte keine Statistiken über Regen und Dürre, hielt keine flammenden Reden an das Volk. Für diesen Mann des Tao war die Verbundenheit alles Seienden selbstverständlich. Aber da er selbst ein Teil des Ganzen war, konnte nicht nur die allgemeine Unordnung ihn vergiften – es wirkte auch die Ordnung, die er in sich wiederhergestellt hatte, auf das Ganze zurück.

Können wir sehen, dass die verseuchten Flüsse, die ausgebeutete Erde, die verpestete Luft Spiegel sind, die uns zeigen, dass wir nicht »in Ordnung«, nicht in der Ordnung des Kosmos sind? Mit welchen Worten vergiften wir manchmal die Atmosphäre in unserer Familie und im Freundeskreis? Wie sehr beuten wir uns selbst aus, wenn wir ehrgeizig unsere Ziele verfolgen und uns die Zeit nicht mehr nehmen, die Schönheit des Lebens zu genießen? Schenken wir uns selbst Mitgefühl, wenn wir krank sind oder Verlust erleiden? Wenn wir mit uns selbst kein Mitgefühl haben, werden wir es auch nicht für unsere Erde aufbringen. Sich selbst in Ordnung zu bringen heißt: Wir müssen das *sein*, was wir erschaffen wollen. Vor dem Frieden zwischen den Völkern steht der Friede, den wir mit den Mitgliedern unserer Familie und den ungeliebten Anteilen in uns selbst herstellen.

Wir alle sind mächtiger, größer und wichtiger, als wir uns je träumen ließen. Wir alle können Regenmacher sein, die für das richtige Klima in unserer Umgebung sorgen, indem wir selbst in Ordnung kommen, ins Gleichgewicht. Die Botschaft des Regenmachers wirkt vielleicht auf den ersten Blick unbequem, tatsächlich aber weist sie uns auf unser enormes Potenzial hin: Die Probleme liegen nicht irgendwo in der Luft, im Zwang der Verhältnisse oder in unfähigen Politikern, sondern in uns selbst. Wir haben all dies erschaffen und nur wir können es verändern. Anfangs mögen wir vielleicht nur zu winzigen Schritten fähig sein, aber auch der kleinste Schritt auf dem Weg zu unserer Heilung hat eine Wirkung auf das Ganze. Es gibt keine Trennung – alles, was wir für uns selbst tun, tun wir gleichzeitig für andere und die Umwelt.

Die Geschichte von der Spende des Kaufmanns

In Asien ist die Lebensform als Mönch oder Nonne sehr angesehen, und es ist üblich, dass Laien sich spirituelle Verdienste erwerben, indem sie Klöster mit Spenden unterstützen. So beschloss eines Tages ein reicher Kaufmann, dem Zen-Kloster von Meister Seisetsu 500 Goldstücke, Ryo genannt, zu spenden. Er brachte das Geld in einem Sack zu Seisetsu. Der Meister sagte: »Gut, ich will es nehmen.«

Der Kaufmann überreichte den Sack, ärgerte sich aber im Stillen über diesen Satz. Er dachte: Mit drei Ryo kann ein bescheidener Mann ein Jahr lang leben, und ich bekomme nicht einmal einen Dank für 500. Laut sagte er: »In diesem Sack sind 500 Ryo.«

»Das sagtest du bereits«, sagte der Meister.

»500 Ryo sind eine Menge Geld«, sagte der Kaufmann.

»Willst du, dass ich mich dafür bedanke?«, fragte Seisetsu.

»Ich denke, das solltest du«, antwortete der Kaufmann.

»Warum sollte ich das?«, fragte Seisetsu. »Der Gebende sollte dankbar sein.«

Geben

Jetzt verspricht das Lesen dieses Kapitels angenehmer zu werden, wir haben ein schönes Thema: das Geben. Jeder Mensch gibt gerne. Ich kenne niemanden, der sich nicht ein paar Gedanken macht über ein passendes Geschenk für diesen und jenen oder der nicht erfreut ist, wenn man ihn um seinen Rat bittet. Natürlich achten wir im täglichen Leben auch darauf, dass Geben und Nehmen im Gleichgewicht sind; wir sind in dieser Hinsicht alle erfolgreiche Kaufleute und ziemlich gut im Rechnen, addieren die Summen des Gegebenen und des Genommenen und prüfen, ob wir auch nicht ausgenutzt werden. Das kann auf der psychologischen Ebene durchaus angemessen sein; wer sich von anderen benutzen lässt und ständig mehr gibt, als seine Kräfte zulassen, schädigt das Ganze ebenso wie ein Geiziger. Was aber bedeutet Geben im spirituellen Sinn? Was ist *unser* Gold, wie und warum verschenken wir es, und wem und wie kommt es zugute?

Thich Nhât Hanh hat die buddhistischen ethischen Regeln als »Achtsamkeitsübungen« formuliert. Sie werden nicht als Gebote verstanden, die es einzuhalten gilt, sondern, wie der Name schon sagt, als Übungen. Wir bemühen uns darum, ihren Gehalt im täglichen Leben immer tiefer zu erforschen und durch unser Leben auszudrücken. Die zweite Übung befasst sich mit dem Thema Geben und Nehmen:

Im Bewusstsein des Leides, das durch Ausbeutung, soziale Ungerechtigkeit, Diebstahl und Unterdrückung entsteht, bin ich entschlossen, liebende Güte zu entwickeln und zu lernen, auf welche Art und Weise ich zum Wohlergehen von Menschen, Tieren, Pflanzen und Mineralien beitragen kann. Ich will großzügig meine Zeit, Energie und materiellen Mittel mit denen teilen, die in Not sind. Ich bin entschlossen, nicht zu stehlen und nichts zu besitzen, was anderen zusteht. Ich will das Eigentum anderer achten und andere davon abhalten, sich an menschlichem Leiden oder am Leiden anderer Lebensformen auf der Erde zu bereichern.

Diese Übung erzählt uns als allererstes – obwohl das gar nicht gesagt wird –, dass wir alle auf einem riesigen Sack Gold sitzen. Unser Reichtum besteht in unserer Zeit, unserer Energie und, das aber erst an dritter Stelle, unseren materiellen Mitteln. Es gibt die schöne Geschichte von dem Bettler, der auf einer alten Kiste sitzt und jahrein, jahraus die Passanten um winzige Münzen anfleht, bis ihn jemand eines Tages fragt, was denn in der Kiste sei, auf der er da sitze. Er öffnet die Kiste und blickt fassungslos auf einen riesigen Schatz. Die zweite Achtsamkeitsübung ist eine Aufforderung an uns, einen Blick in unsere »alte Kiste« zu werfen, und wir wissen schon, was damit gemeint ist: Unsere tief verwurzelte Überzeugung davon, arm und bedürftig zu sein, ein Opfer der Umstände. Aber jetzt üben wir Achtsamkeit, werfen einen Blick in die Kiste und erkennen, wie reich wir immer waren, ohne es bemerkt zu haben.

Wir haben vielleicht eine fröhliche, stabile Familie, und schöpfen aus den gemeinsamen Unternehmungen Freude und Kraft. Wir haben einen Beruf, der eine Berufung ist und uns dennoch den Lebensunterhalt sichert. Es ist uns gelungen, uns Zeiträume zu erschaffen, die wir für unsere Achtsamkeits-Praxis oder für künstlerische Arbeit verwenden. Manchmal besteht unser Reichtum in dem, was wir nicht haben: Wir haben keine schwere Krankheit, keine Kopfschmerzen, keinen aktuellen Verlust.

Jetzt, wo wir unseren Reichtum gesehen haben, wollen wir ihn sinnvoll verwenden (sinnvoll natürlich aus unserer Sicht), und so kommt uns vielleicht, wie dem Kaufmann in unserer Geschichte, der Gedanke, aus dem Ganzen ein paar Zinsen herauszuschlagen. Der pfiffige Kaufmann wollte sich seinen

»Verdienst« – der eigentlich die Frucht seiner Dharma-Praxis sein sollte – mit seinem Gold erkaufen. Der Sinn des Gebens, sagt die zweite Achtsamkeitsübung, ist es, zum Wohlergehen beizutragen, und zwar nicht nur zum Wohlergehen der Menschen, sondern auch zu dem der Tiere, Pflanzen und sogar der Mineralien. Die Übung sagt uns aber auch, wie uns dies gelingt: indem wir »Mitgefühl entwickeln«.

Ohne Mitgefühl bleiben wir von den anderen getrennt und unser Geben könnte leicht berechnend, vielleicht sogar herablassend sein. »10.000 Erdbebenopfer« sind eine abstrakte Größe, aber unsere kranke Mutter könnte unser Herz berühren. Wir sind auf einmal nicht mehr allein auf der Welt, ihr Schmerz ist fast schon unser Schmerz und natürlich werden wir alles tun, um diesen Schmerz zu lindern. Aber wessen Schmerz ist das eigentlich, mit dem wir uns da befassen – der Schmerz »der anderen« oder »unser« Schmerz? Und zu wessen Wohlergehen tragen wir bei – zu dem »der anderen« oder zu »unserem«? Sind diese Fragen nicht auf einmal völlig überflüssig?

Mitgefühl löst Grenzen auf und lässt uns unsere tiefe Verbundenheit mit allem, was ist, erkennen. Wenn wir einmal gesehen haben, dass ich und der andere im Grunde eins sind – können wir dann überhaupt noch von Geben und Nehmen sprechen? *Wer* gibt hier, *wer* nimmt, wenn mein Wohlergehen nicht zu trennen ist von deinem?

In Plum Village, wo sich einige Jahre lang israelische und palästinensische Praktizierende zu Versöhnungsgesprächen trafen, geht man sogar noch einen Schritt weiter und sagt: »Du bekommst das, was du selbst anbietest. Gib dem anderen, was er braucht, anstatt ihn zu bestrafen.« Wenn Israel Frieden und Sicherheit wolle, müsse es dafür sorgen, dass auch den Palästinensern Frieden und Sicherheit garantiert werde – und umgekehrt. Was braucht mein Sohn, wenn er die Schule schwänzt, was meine Frau, wenn sie sich über unsere Ehe beklagt, was mein Kollege, wenn er ständig mit mir streitet? Sie alle drücken mit ihrem Verhalten ein Bedürfnis aus, das ihnen häufig selbst nicht klar ist. Wenn es mir gelingt, das Bedürfnis auf gute Weise zu erfüllen, erschaffe ich Frieden, Sicherheit und Freude nicht nur für den anderen, sondern auch für mich.

Eine Frau sagte einmal in einem meiner Seminare: »Ich gebe ja gerne, aber meine Gabe wird oft nicht angenommen. Was soll ich machen, wenn es eine einseitige Sache bleibt?«

Vor ein paar Jahren besuchte ich das Konzert eines indischen Sitarspielers. Es fand in einem Zelt statt; während der Morgen-Raga von der Bühne zirpte, knallten Kellner Maßkrüge auf die Tische. Der Geräuschpegel durch Gespräche war beträchtlich, und der Inder unterbrach sein Spiel und bat mit sanfter Stimme um Ruhe. Daraufhin verließ eine Gruppe Jugendlicher mit lautem Gepolter das Zelt. Der Sitarspieler schloss die Augen, nahm die Sitar wieder auf den Schoß und spielte weiter.

Jeder Künstler ist ein Gebender, der die Gabe seiner Begabung schenken möchte, schenken muss. So, wie dieser Sitarspieler weiterspielte, weil er seine Musik verschenken musste, würden Schriftsteller weiterschreiben, auch wenn niemand ihre Bücher kaufen will, würden Maler weitermalen, auch wenn die Bilder nie ausgestellt werden. Irgendwann wird ein Satz des kaum bekannten Autors einen unbekannten Menschen erreichen und ihn verändern, wird jemand in einem Konzert in der hintersten Reihe sitzen und dem Lärm zum Trotz vom Morgen-Raga berührt werden.

Wir geben, weil wir geben müssen. Still, unaufgeregt, vielleicht sogar unerkannt. Wir geben das, was wir zu geben haben – unsere Energie, Zeit oder materiellen Mittel. Die schönste Gabe aber sind wir selbst, wenn unser wahres Wesen durch die Hülle der Person hindurchscheint und einen unbekannten Menschen irgendwo in einer Menschenmenge innehalten lässt, während wir einfach nur vorübergehen. Dieses Geben, das wir gar nicht mehr als Geben wahrnehmen, kann uns so selbstverständlich werden wie das Atmen.

Die Lehre der Blume

Die Geschichte vom Lächeln des Mahakassapa

Eines Tages – es war ein Vollmondtag in Savatthi – hielt der Buddha einen ganz besonderen Dharma-Vortrag. Ihm waren kurz zuvor Lotosblumen als Geschenk überreicht worden, und der Buddha nahm eine der Lotosblumen behutsam in seine Hände und hielt sie in die Höhe. Die Gemeinschaft der Nonnen, Mönche und Laien wartete auf die Belehrung, aber der Buddha hielt still die Lotosblume in seinen Händen und schwieg. Allmählich wurden die Menschen unruhig. Was will er mit der Blume sagen, dachten die einen. Es muss einen verborgenen Sinn hinter dieser Blume geben, dachten die anderen. Nur der Ehrwürdige Kassapa saß still auf dem Boden, und auf seinen Lippen und in seinen Augen lag ein Lächeln.

Da lächelte der Buddha ebenfalls, wandte sich zu der Gemeinschaft um und sagte: »Ich habe das Auge des wahren Dharma, den Schatz der wunderbaren Einsicht, und soeben habe ich ihn an Mahakassapa weitergegeben.«

In der Stille ist alles enthalten

Sie sind mit mir eine Weile unterwegs gewesen auf der Reise durch dieses Buch. Wir haben zusammen viele Hindernisse erkundet, Stolpersteine auf dem Weg; all das, was uns immer wieder daran hindert, wahrhaft präsent zu sein für die Wunder des Lebens. Und jetzt, werden Sie fragen, was ist jetzt? Das

Zen spricht davon, dass es nichts zu erreichen gebe auf diesem Weg (der deshalb noch nicht einmal Weg genannt werden kann). Wenn es aber nichts zu erreichen gibt – wozu dann die ganze Mühe? Wohin führt diese Reise, kommen wir letztendlich irgendwo an, in einer Art Heimat, Sicherheit, in einem Zuhause?

Wir kommen in der Stille an.

Ich begegnete der Stille auf einem überfüllten Bahnhof in irgendeiner Stadt inmitten der indischen Tiefebene. Ich war jung und reiste seit ein paar Wochen mit dem Rücksack auf dem Rücken durch das Land des Buddha, von Delhi nach Madras, von dort nach Pondicherry, weiter nach Bombay, zurück nach Delhi. Es war heiß, der Schmutz war unbeschreiblich, das Elend der Menschen ließ mich nicht zur Ruhe kommen. Ich hatte mir einen Virus eingefangen, der mir Bauchschmerzen bereitete, und durch meine Träume krochen Leprakranke ohne Arme und Beine. Aber ich wollte mein Programm absolvieren, wollte das Taj Mahal sehen, den Ashram von Shri Aurobindo, Krishnamurti in Madras, die Kanäle von Kerala. Es war ein Tag wie jeder andere; ich hockte auf einem Bahnsteig zwischen Menschenmassen, gackernden Hühnern in Käfigen und einer Ziege mit zusammengebundenen Beinen und wartete auf meinen Zug, der mich irgendwohin bringen sollte. Eine weitere Station auf einer merkwürdig traumhaften Reise, von der ich nicht einmal mehr wusste, warum ich sie angetreten hatte. Da sah ich die Stille.

Sie saß auf einem der gegenüberliegenden Bahnsteige im Lotossitz, völlig entspannt inmitten von Lärm und Dreck. Sie war etwa dreißig Jahre alt, Amerikanerin, schätzte ich, und ich erriet an der Bräune ihrer Haut und der nicht ganz sauberen Kleidung, dass sie schon lange unterwegs war. Sie ruhte auf diesem Bahnsteig voller Menschen in ihrer Stille wie im Auge des Zyklons. Das Geschrei um sie herum berührte sie nicht im Geringsten, und mit leisem Lächeln beobachtete sie den Kampf an den geöffneten Zugtüren, wo die Ankommenden hinaus- und die Abreisenden gleichzeitig hineindrängten. Sie hatte es nicht eilig; irgendwann würde auch ihr Zug einlaufen, sie würde sich erheben, den Rucksack schultern und auf ihre gelassene Weise irgendwie ins Abteil gelangen. Sie brauchte nirgendwo anzukommen; sie war bereits angekommen, im Augenblick, in der Stille.

Ich warf einen Blick auf sie und meine Reise nahm eine Wendung. Diese unbekannte Amerikanerin erinnerte mich an den Ort der Stille in mir, den ich sehr wohl kannte, aber in diesem überwältigend fremden Land verloren hatte. Wohin wollte ich denn in Wirklichkeit, wenn ich durch die Welt reiste, wie ich das seit einigen Jahren tat? An einem glühend heißen Tag irgendwo in der indischen Tiefebene belehrte mich eine Frau, die ich nur fünf Minuten zu Gesicht bekam und nie wiedergesehen habe, darüber, dass es nichts zu finden gibt, weil ich bereits zu Hause bin. In jedem Augenblick. In jedem Land der Erde.

Für Mahakassapa war es eine Blume. Für Sie kann es ein Baum sein, eine Katze, ein Kunstwerk, Ihr Kind. Die Übertragung des Dharma findet in jedem Augenblick statt, jenseits von Worten. Wir brauchen nicht dem historischen Buddha oder einem großen Meister zu begegnen, wir brauchen keine Einweihungen, Rituale, Zeremonien. Wenn wir völlig wach und präsent sind in *diesem Augenblick*, kann selbst ein Grashalm oder ein Kieselstein uns an unser wahres Zuhause erinnern. Wenn wir aber darüber nachdenken, was uns dieser Grashalm sagen will, worin die Lehre der Katze besteht oder warum der Buddha diese Blume hochhält, haben wir den magischen Augenblick schon verpasst.

Die Stille ist der Ort unseres Zuhauses, der Ort, nach dem wir uns immer gesehnt haben, ohne es zu wissen. In der Stille brauchen wir keine Worte, um zu verstehen und verstanden zu werden. Ein Lächeln, ein Blick, eine zarte Bewegung der Hand sind genug. Und doch scheint es so, dass wir erst in der Stille das wahrnehmen, was ist, das Seiende in seiner eigenen Wirklichkeit erfassen, ohne es nach unseren Wünschen zurechtzubiegen. Stille ist keineswegs, wie wir vielleicht vorher gedacht hatten, ein karger Ort, so etwas wie eine Wüste der Sprachlosigkeit. Im Gegenteil erscheint sie uns auf einmal als Ort der Fülle, mit dem verglichen uns unser vorheriges Geschwätz und Gerenne kindisch vorkommt. Was also ist Stille? Ist sie dasselbe wie Schweigen, wie die Abwesenheit von Lärm, und wo inmitten unseres Alltags finden wir dieses Paradies namens Stille?

In der Deutschen Akademie Villa Massimo in Rom, in der ich ein Jahr lang als Literatur-Stipendiatin lebte, wurde ein Konzert des Ensemble Modern angekündigt mit Kompositionen von John Cage. Ich wusste, dass dieser sich lange mit dem Zen-Buddhismus befasst hatte, und war sehr gespannt, was ich da wohl zu hören bekäme. Angekündigt wurde vom Pianisten ein Stück mit dem Titel »4'33"«. Wir setzten uns erwartungsvoll zurecht, der Pianist legte die Hände entspannt in den Schoß und spielte – nichts. Erste Nervosität begann sich im Publikum zu äußern. Stoffe raschelten, Füße schlurrten über den Boden, jemand räusperte sich. Der Pianist saß reglos vor dem Flügel. Eine Minute verging, zwei Minuten vergingen. Die Anspannung im Raum war mit Händen zu greifen. Drei Minuten. Ich spürte, wie ohne mein Zutun ein Lächeln auf meinem Gesicht erschien. Der Konzertsaal war zum Zendo geworden und wir erhielten hier eine erstrangige Lektion in Zen! Nach exakt vier Minuten und dreiunddreißig Sekunden erhob sich der Pianist und verbeugte sich dankend vor dem fassungslosen Publikum.

John Cage hatte sich eines Tages in ein schalltotes Studio begeben, um die Stille zu erfahren. Dort hörte er aber keineswegs nichts, sondern sehr viel: Er hörte Säfte in seinem Darm kullern, seinen Magen knurren, seinen Atem schleifen. Was hörte er hier also? Geräusche, Lärm, sich selbst? Nein, erkannte John Cage, er hörte die Stille, denn all diese Geräusche entstehen ohne unsere Absicht, und Stille ist dasselbe wie Absichtslosigkeit.

Wenn wir absichtslos sind, ruhen wir in der Stille. Vorher haben wir vermutlich unablässig einen inneren Dialog mit uns geführt, haben die Geschehnisse des Lebens beurteilt, kommentiert, ersehnt, befürchtet. All dies ist nun zur Ruhe gekommen, wir verweilen in der Stille. Ohne Angst, ohne Erwartung. Ohne Vergleichen, ohne Beurteilen. Wir ruhen im Auge des Zyklons, während in uns und um uns herum das Leben weiterwirbelt, die Stoffe rascheln, die Füße schlurfen, die Menschen jammern und jubeln. Unser Magen wird weiterhin Geräusche produzieren, unser Darm wird hoffentlich weiterarbeiten, wir werden einatmen, ausatmen, einatmen und dabei leise schnaufen. Die Stille aber ist so groß, dass sie alle Geräusche umarmen kann. Ich meditierte einmal in einem Praxiszentrum, in dem gerade Bauarbeiten stattfanden. Während der Sitzmeditation wurde im Untergeschoss eine Wand mit Presslufthämmern herausgebrochen, und nach drei Tagen hörte ich den Lärm nicht mehr. Wenn wir innerlich zu reden aufgehört haben, sehen wir, dass nichts, was im Äußeren stattfindet, die Stille stören kann. *Wir* waren es, die diesen unerträglichen Lärm die ganze Zeit mit unseren Gedanken erzeugt haben.

Jetzt verstehen wir vielleicht auch, dass Stille nicht dasselbe ist wie Schweigen, und wenn wir unser Schweigen untersuchen, sehen wir, dass es oft wenig Stille enthält. Während der offiziellen Schweigezeiten im Retreat beobachte ich manchmal, wie Menschen einander beim Abwasch oder Essen durch wilde Handzeichen und Zupfen am Ärmel etwas mitzuteilen versuchen. Äußerlich halten sie zwar den Mund, ihre Absichten aber sind sehr laut, und ich kann ihren inneren Dialog mühelos noch drei Tische weiter hinten hören.

Die Stille dagegen ist so tief, groß und weit, dass sich in ihr unser Ego zur Ruhe legt und schweigt.

Wenn ich in der Stille verweile, spüre ich, wie sich mein Wesen ausdehnt, nach oben, unten, innen und außen. Die Stille ist gleichzeitig in mir und außerhalb von mir; in der Stille scheint es die Grenzen nicht mehr zu geben, die wir im Alltag, manchmal notgedrungen, um uns herum ziehen. Der Stille darf ich vertrauen; sie wird sich nicht plötzlich anders besinnen und mich anschreien, sie wird nicht hinter meinem Rücken schlecht über mich reden, sie wird mich niemals bedrängen, Forderungen an mich stellen oder mir mit übergroßer Nähe die Luft nehmen. Die Stille ist für mich ein lebendiger, pulsierender, bergender Raum, in den ich mich vor den Zumutungen der Welt flüchten kann, um geheilt zu werden. Die Stille ist sanft und zärtlich, sie kühlt meine Hitze und wärmt meine Kälte. In ihr darf ich die sein, die ich im tiefsten Wesen bin, ohne kritisiert, ausgelacht und ausgenutzt zu werden. Und mein Ego – dieses störrische, eigenwillige, verletzbare, verletzte und vom Leben in der Welt unendlich müde Wesen – darf sich zur Ruhe legen und schweigen.

In diesem Moment hält jemand eine Blume hoch, und ich *sehe …*

Ich sehe in ihr die Erde, aus der sie gewachsen ist, und den Regen, der sie begossen hat. Ich sehe die Sonne, die Bienen, das Kind, das sie gepflückt hat. Ich sehe den Winter, in dem sie sich vor mir versteckt hat, und den Sommer, in dem sie sich zeigt. Ich sehe Werden und Vergehen, Tag und Nacht, Licht und Schatten. Ich sehe, dass die Blume und ich miteinander in der Stille verweilen, und dass es keine Grenze gibt zwischen ihr und mir. Dass auch der Mann, der die Blume hochhält, und alle, die sie sehen, Teil der grenzenlosen Gemeinschaft sind, die von der Stille gehalten wird.

Irgendwo in der Ferne läuten Kirchenglocken, Hunde bellen. Die Autobahn ist nahe, unablässig braust der Verkehr. Aus einem offenen Fenster Tellergeklapper und der neueste Hit der Charts. Nichts kann die Stille stören, weil alles Stille ist.

Und ich beginne zu lächeln, weil es nichts mehr zu sagen gibt.

Am Ende unserer Lebensreise, unserer unablässigen Suche nach der Transzendenz, steht dieses Lächeln. Es ist ein Lächeln der Fülle, nicht der Kargheit. Es enthält all unsere Erfahrung der Welt, alle Kämpfe, Freuden, scheinbaren Siege und scheinbaren Niederlagen, die Tode, die wir während unseres Lebens gestorben sind, und unsere unzähligen Neuanfänge. Nichts von all dem wurde umsonst gelebt; vielleicht ist gerade unsere Lebenserfahrung die Nahrung, die dieses Lächeln brauchte, um zu erblühen.

Das Lächeln kommt aus der Stille und kehrt in die Stille zurück. Woher sonst sollte es kommen, wohin gehen?

Woher sonst kommen wir, wohin sollten wir gehen?

Zum Weiterlesen

Perle Besserman und Manfred Steger »Verrückte Wolken«, aus dem Amerikanischen von Wolfgang I Waas, Theseus Verlag, Berlin 1999

Chang Chung-yuan »Tao, Zen und schöpferische Kraft«, aus dem Englischen von Stephan Schuhmacher, Diederichs Verlag, München 1983

Hans-Peter Dürr, Marianne Oesterreicher »Auch die Wissenschaft spricht nur in Gleichnissen«, Verlag Herder, Freiburg 2001

Viktor E. Frankl »Der Mensch vor der Frage nach dem Sinn«, Piper Verlag, München 1979

Margrit Irgang »Wunderbare Unvollkommenheit. Das Zen-Buch der Lebenskunst«, Verlag Herder, Freiburg 2010

Margrit Irgang »Geh, wo kein Pfad ist, und hinterlasse eine Spur. Ermutigung zum Eigensinn«, Verlag Herder, Freiburg 2010

John Daido Loori »Das Zen der Kreativität«, aus dem Amerikanischen von Bernd Bender, Theseus Verlag, Berlin 2006

Jiddu Krishnamurti »Einbruch in die Freiheit«, aus dem Englischen von Erich Schmidt, Ullstein Verlag, Frankfurt 1979

Thich Nhât Hanh »Wie Siddhartha zum Buddha wurde«, aus dem Englischen von Ursula Richard, Theseus Verlag, Berlin 1994

Thomas Merton »Ein Tor zum Himmel ist überall«, mit einem Vorwort des Dalai Lama, ausgewählt und eingeleitet von Bernardin Schellenberger, Verlag Herder, Freiburg 1992

Meister Ryokan »Alle Dinge sind im Herzen«, mit einem Vorwort von David Steindl-Rast, eingeführt und aus dem Englischen übertragen von Munish B. Schiekel, Verlag Herder, Freiburg 1999

Shunryu Suzuki »Zen-Geist, Anfänger-Geist«, aus dem Amerikanischen von Silvius Dornier, Neubearbeitung von Susanne Schaub, Theseus Verlag, Berlin 2000